नये एहसास

विनीता सिंह

मैं अपनी यह किताब अपने *आदरणीय पिता श्री अच्युत नाथ झा एवं मेरी प्यारी मां श्रीमती सुनीला देवी जी* को समर्पित करती हूं।उनका आशीर्वाद आजीवन हम पर बना रहे यही ईश्वर से प्रार्थना है।

मुझे याद है जब मेरी पहली किताब" *प्यार*" (*एहसास या जरूरत*) छप कर आई थी तो सबसे ज्यादा उन्हें खुशी हुई थी। वह मेरी उस किताब को पढ़ने के लिए बहुत लालायित थे और उन्होंने नोशन प्रेस से मंगवा कर उसे पढ़ा भी।

उनकी यह खुशी देखकर मुझे और लिखने की प्रेरणा मिली। जिसके फलस्वरूप मैंने आज यह किताब लिखी है ।

उनका हाथ मेरे सर पर सदा बना रहे, इसी कामना के साथ मैं अपनी यह किताब उन्हें समर्पित करती हूं।आज उनके द्वारा दिए गए संस्कारों और विचारों को लेकर मैं अपने जीवन पथ पर आगे बढ़ती जा रही हूं।

मैं अपने परिवार के सभी सदस्यों का धन्यवाद करना चाहूंगी ।जिनका नाम देना भी मुझे उचित लगता है।

पिता -आदरणीय श्री अच्युत नाथ झा

माता -आदरणीया श्रीमती सुनीला झा

पति - आदरणीय श्री रौद्रानंद सिंह

बेटा - चिरंजीवी श्री अभिनवानंद सिंह

बड़े देवर- आदरणीय श्री ब्रह्मानंद सिंह

छोटे देवर -आदरणीय श्री चेतनानंद सिंह

देवरानी -सौभाग्यवती श्रीमती ऋचा भारद्वाज सिंह

भतीजा -चिरंजीवी वेदांत सिंह

भतीजी -आयुष्मति कात्यायनी सिंह एवं

आयुष्मति संजीवनी सिंह

विनीता सिंह

क्रम-सूची

प्रस्तावना — vii

भूमिका — ix

पावती (स्वीकृति) — xi

1. समर की देश भक्ति — 1

2. एक एड्रेस — 10

3. समर्पण — 35

4. काव्यांश — 64

5. सीक्रेट लवर — 101

विनीता सिंह - एक परिचय — 117

प्रस्तावना

मैंने बचपन से बहुत सारे लेखकों की कहानियां पढ़ी। वह चाहे मुंशी प्रेमचंद हों या शिवानी हों , या कोई और लेखक। सबके नाम यहां लिखना हमारे बस में नहीं है।

बदलते समय के साथ मैं किस्से कहानियों की किताबें संस्मरण और नाटक पढ़ते-पढ़ते अपने मनोभावों को भी लिखकर व्यक्त करने लगी।

फल स्वरूप मैंने अलग-अलग भावनाओं के साथ छोटी-छोटी रचनाएं लिखनी शुरू की। अपनी छोटी-छोटी रचनाओं में से कुछ रचनाएं मैंने इस किताब में दी हैं ।

विनीता सिंह

भूमिका

मेरी यह किताब भी लघु कहानियों का संग्रह है। इस किताब का यह नाम रखने का एक बहुत बड़ा कारण यह है कि- इसमें जितनी भी कहानियां हैं उनके किरदार नए-नए एहसासों से रूबरू होते हैं । कहानी के अंत तक आते-आते वह एक नए एहसास को महसूस करते हैं। आप ज्यों-ज्यों कहानियों को पढ़ते जाएंगे, आपको स्वयं भी नए एहसासों की अनुभूति होती जाएगी।

मैंने पांच अलग-अलग विषय चुनकर उस पर कहानियां लिखी हैं।

1- पहली कहानी *"समर की देशभक्ति"* है। जिसमें एक फौजी और एक छोटे बच्चे की कहानी है।

2-दूसरी कहानी *"एक एड्रेस"* है। इस कहानी में स्वप्न के द्वारा क्या क्या घटित होता है और उसका निराकरण कैसे होता है यह पढ़ने को मिलेगा।

3-तीसरी कहानी *"समर्पण"* है। जिसमें पति पत्नी के प्रेम और विश्वास की कहानी है।

4- चौथी कहानी *"काव्यांश"* है। इस कहानी में आप लोगों को दो सहेलियों की आपस में प्यार, विश्वास और कर्तव्य सभी कुछ पढ़ने को मिलेगा।

5- पांचवीं कहानी *"सीक्रेट लवर"* है। इस कहानी को सीक्रेट ही रहने देती हूं। आप लोगों को पढ़ने पर ही पता चलेगा।

विनीता सिंह

पावती (स्वीकृति)

यह सभी रचनाएं पूर्णतया मौलिक हैं। इनका वास्तविकता से कोई संबंध नहीं है। यदि इन कहानियों के पात्र या घटनाएं किसी से मेल खाते हैं तो, यह महज एक संयोग है। इसके लिए लेखक जिम्मेदार नहीं है।

यह स्वाभाविक है कि कहानियों की घटनाएं कभी-कभी किसी से मेल खाती हुई लगती है। किंतु यह पूर्णतः स्वरचित कहानियां हैं।
इन कहानियों का किसी भी वास्तविक घटनाक्रम से कोई संबंध नहीं है।

विनीता सिंह

1

समर की देश भक्ति

अस्पताल में एक फौजी को भर्ती किया जाता है। वह दर्द से कराह रहा है। डॉक्टर उसका मुआयना कर रहे हैं। सारी जांच की जा रही है। आखिर में सभी जांच और उपचार के बाद उसे एक कमरे में शिफ्ट कर दिया जाता है।

उसी कमरे में एक और पेशेंट है जो अंजान बीमारी से जूझ रहा है। वह 8 से 9 साल का बच्चा है। वह बड़े शांत होकर उस फौजी को देख रहा था, जो अभी-अभी उसके बगल वाले बेड पर शिफ्ट किया गया था।

उस फौजी को देख कर उसे खुशी भी हुई पर उसे दर्द से कराहता देखकर वह परेशान भी हो गया था। दो दिन बाद वह फौजी थोड़ा नॉर्मल हुआ। पुलिस, हादसे का कारण जानने वहां पहुंची थी। फौज के लोग भी वहां थे। बातचीत में यह पता चला कि- 'सीमा पर गश्त लगा रहे फौज पर हमला किया गया था। जिसमें कुछ सैनिक शहीद हो गए थे और कुछ घायल हो गए थे।'

यह फौजी भी उन्हीं घायल जवानों में से एक था। अभी कुछ दिन पहले ही उसने ज्वाइन किया था कि यह हादसा हो गया। इसमें उस फौजी को हल्की चोटें आई थीं, लेकिन उसकी आंखें चली गई थीं। जिससे वह बहुत परेशान हो गया था। जब उसे मालूम हुआ कि उसकी आंखें नहीं रहीं तो वह गुस्से से उबल पड़ा। दुश्मनों से अब ना लड़ पाने और अपने देश के लिए कुछ ना कर पाने का दुःख उसे सताने लगा था।

हफ्ते भर की गहमागहमी के बाद एक दिन जब वह फौजी लेटा हुआ था और

आसपास का वातावरण शांत सा महसूस कर रहा था कि उसे आभास हुआ- कोई उसके माथे पर हाथ से सहला रहा है। उसने अपने हाथ से उस हाथ को पकड़ा, तो पाया की यह तो छोटा सा हाथ है।

उसने पूछा -" कौन है?"

बच्चे ने बड़ी मासूमियत से कहा कि -" मैं समर हूं "

सिपाही - "तुम यहां क्या कर रहे हो? तुम किसके साथ यहां आए हो?"

समर -"मैं यहीं रहता हूं। पता नहीं मुझे क्या हुआ है, पर मैं ज्यादातर इसी हॉस्पिटल में भर्ती रहता हूं।"

सिपाही हाथ से उस बच्चे का सिर टटोलते हुए उस पर हाथ फिरा कर बोला- "अच्छा समर! तुम मेरे रूम में कैसे आ गए?"

समर - "मेरा बेड भी आप के बगल में ही है।" (समर मुस्कुरा कर कहता है)

सिपाही -"अच्छा (आश्चर्य से), मुझे तो पता ही नहीं चला। तुम कब भर्ती हुए? आज?

समर - "नहीं, मैं लगभग एक महीने से यहीं हूं।"

सिपाही -"तुम्हें क्या हुआ है?"

समर -"मुझे नहीं पता। मेरे दादा जी को पता है।"

सिपाही - "तुम मुझसे पहले से इस कमरे में हो पर मुझे आज तक पता भी नहीं चला।"

समर -"जी आप बहुत परेशान थे, इसीलिए मैंने आपको कभी नहीं टोका।"

सिपाही - हां समर! देखो ना, दुश्मनों की इस गंदी हरकत से मेरी तो आंखें चली गई

हैं। अब मैं अपने देश की रक्षा कैसे कर पाऊंगा।"

समर -"जब आप ठीक हो जाएंगे तब फिर से देश की सेवा करिएगा।"

सिपाही -"समर! तुम बड़े होकर क्या बनना चाहते हो?"

समर -" मैं भी देश की सेवा करना चाहता हूं। चाहे किसी भी तरह से हो, पर मैं भी देश की सेवा ही करूंगा। मेरे दादा जी कहते हैं कि- सिर्फ फौजी बनकर ही देश की सेवा नहीं की जा सकती है। हम बहुत तरीके से देश की सेवा कर सकते हैं।"

सिपाही -अच्छा, तुम्हारे दादा जी ने तो तुम्हें बहुत अच्छी बातें बताई हैं। तुम्हारे घर में और कौन-कौन हैं?"

समर -"मैं, मेरी छोटी बहन, मेरी मम्मी, मेरे दादाजी और मेरी दादी।"

सिपाही -"और पापा?"

समर -"मेरे पिताजी की पिछले साल ही मृत्यु हो गई। वह भी एक सिपाही थे। इसीलिए मैं भी देश का रक्षक बनना चाहता था, पर जब मैं बीमार हो गया तो मैं फिजिकली फिट नहीं होने के कारण अब फौज में नहीं जा सकता हूं।"

सिपाही -"अच्छा समर! तुम तो बहुत होशियार हो। तुम्हें तो बहुत कुछ पता है।"

समर -"यह सब बातें मुझे मेरे पिताजी ने बताई थीं। और अब दादाजी ने बताया कि-'यदि कोई फिजिकली फिट नहीं होता है,तो फौज में भर्ती नहीं हो पाता है। लेकिन दूसरे भी बहुत सारे तरीके हैं देश सेवा के लिए। "

(सिपाही को समर से बातें करके अच्छा लगने लगा था)

समर -"क्या मैं आपका नाम जान सकता हूं? क्या आपका नाम ही साहिल है?"

सिपाही -"हां मेरा नाम ही साहिल है। पर यह तुम्हें कैसे पता चला?"

समर -"मैंने न्यूज़ में देखा था। पर चोट के कारण आप को ठीक से पहचान नहीं पाया था।"

साहिल -"अच्छा तुमने बताया कि तुम्हारी एक छोटी बहन भी हैं न?"

समर -"हां, छोटी सी,प्यारी सी मेरी गुड़िया है। वह दो साल की है।" (यह कहते हुए समर की आंखों में चमक आ गई)

इसी तरह की बातें करते-करते एक महीना बीत गया। समर और साहिल दोनों एक अच्छे दोस्त बन गए थे।

एक दिन समर की तबीयत बहुत खराब हुई और उसे आईसीयू में ले जाया गया।

साहिल को भी छुट्टी मिलने वाली थी। साहिल ने डॉक्टर से डिस्चार्ज होने से पहले समर से मिलने की इच्छा जाहिर की। डॉक्टरों ने उसे परमिशन दे दी ,पर कुछ हिदायतें भी दी ।

आईसीयू में यूं ही किसी को भी जाने की अनुमति नहीं होती है ,फिर भी डॉक्टर ने साहिल को परमिशन दे दी ।

साहिल, समर से मिलने आईसीयू में गया, तो समर अपने बेड पर बैठा कुछ पढ़ रहा था। वह साहिल को आता देख खुशी से उछल पड़ा।

डॉक्टर ने उसे आराम से बैठने को कहा।

साहिल ने समर से पूछा -" हेलो, मेरे लिटिल देशभक्त! कैसे हो?"

समर -"अभी तो ठीक लग रहा है लेकिन मैं बहुत बीमार हो गया था इसीलिए डॉक्टरों ने मुझे इस आईसीयू में रख लिया है। पर मेरा मन यहां नहीं लग रहा है। आपको बहुत मिस कर रहा हूं।"

तभी डॉक्टर ने साहिल को बाहर जाने के लिए कहा।

साहिल ने समर से कहा -"अभी तो मुझे जाना पड़ेगा। मुझे अस्पताल से छुट्टी मिल गई है। पर मैं रोज तुमसे मिलने आता रहूंगा।"

समर -"हां आप मुझसे मिलने जरूर आइएगा। मैं इंतजार करूंगा।"

समर -" अच्छा आपने एक बात तो बताया ही नहीं। आपको डॉक्टर ने क्या कहा। आपकी आंखें ठीक हो जाएंगी ना?"

साहिल -"डॉक्टर ने कहा कि यदि कोई मुझे आंखें डोनेट कर देगा तो मुझे आंखें मिल सकती हैं।"

समर -" अच्छी बात है। मैं जब घर वापस आऊंगा तो आपके लिए आंखें डोनेट करने वाले को जरूर ढूंढ लूंगा।"

डॉक्टर ने फिर से साहिल को बाहर जाने को कहा। अब साहिल समर को "बाय" बोल कर डॉक्टर के पास आकर पूछा -"समर को क्या हुआ है डॉक्टर? वह कब तक ठीक होगा?"

डॉक्टर -"यह जानकर कोई फायदा नहीं। अब वह ज्यादा दिन तक जिंदा नहीं रह सकता। कभी भी कुछ भी हो सकता है।"

यह बात समर ने सुन ली। वह बहुत उदास हो गया। दो दिन बीतने पर समर की तबीयत फिर से खराब होने लगी। वह नर्स से एक कागज और कलम लेकर कुछ लिखने बैठ गया और लिखकर अपने तकिए के नीचे रख लिया।

नर्स ने पूछा -"क्या लिखा है बेटा?"

तो उसने अटक-अटक कर बताया कि "यह मेरे दादाजी को दे देना "।

फिर समर कभी बोल नहीं पाया।दो दिन तक समर को वेंटिलेटर पर रखा गया। उसके दादा जी, दादी, मां और बहन आईसीयू के सामने बैठे उसके ठीक होने की बार-बार प्रार्थना कर रहे थे। तभी नर्स ने समर की लिखी हुई चिट्ठी समर के दादाजी को दी।

दादाजी ने उसे पढ़ना शुरू किया तो उनकी आंखों से अश्रु धारा बह निकली। उन्होंने वह चिट्ठी समर की मां को दी। मां ने पढ़ना शुरू किया -

"मेरे प्यारे दादाजी ,

आपने मुझे बताया था कि- देश भक्ति कई तरह से की जा सकती है। फौज में जाकर, सिपाही बनकर ,अपने देश को उन्नति की ओर ले जाकर, ब्लड डोनेट करके ,कोई अंग डोनेट करके ,किसी शहीद फौजी के परिवार का भरण पोषण करके , अपंग लोगों की निःस्वार्थ सेवा करके। आज मुझे पता चला कि -मैं ज्यादा दिन तक जिंदा नहीं रह सकता हूं। तो मैं चाहता हूं कि मेरी आंखें साहिल अंकल को लग जाए। जिससे वह देश की सेवा कर सकें। दुश्मनों से लड़ सकें मैं भी अपनी आंखों से उन्हें यह करते देखूंगा। बताइए दादाजी यह मैंने देशभक्ति का काम किया है ना।"

इतना पढ़ते-पढ़ते समर की मां धम्म से नीचे गिर गईं। उधर समर की सांसें भी अटकने लगीं और फिर कुछ देर में समर की सांसे रुक गईं।

दिल पर पत्थर रखकर सबने समर की आखिरी ख्वाहिश पूरी करने के लिए साहिल को बुलवाया, पर उसे यह नहीं बताया गया की उसे किसने आंखें दी हैं। आनन-फानन में समर की आंखें साहिल को लगा दी गईं। ऑपरेशन भी सफल रहा।

साहिल बार-बार पूछता कि - डोनर कौन है? तो उसे आराम करने की सलाह दी जाती रही, और बताया गया कि आंखों पर जोर नहीं पड़ने देना है। बाद में आपको बता दिया जाएगा।

ऑपरेशन के कुछ दिन बाद उसे समर का ख्याल आया। उसने नर्स से पूछा कि -"समर कैसा है?" तो उस नर्स को कुछ मालूम नहीं था। फिर साहिल ने वार्ड नंबर, बेड नंबर सब बता कर पता करने को कहा।

नर्स ने वापस आकर बताया कि -"वहां कोई नहीं है। हो सकता है, उसे अस्पताल से छुट्टी मिल गई होगी?"

साहिल यह सोचकर बहुत खुश हुआ कि समर को अस्पताल से छुट्टी मिल गई होगी। वह समर से मिलने एक दिन भी अस्पताल नहीं पहुंच पाया था इसका उसे दुःख भी था। मगर अब वह उसे देख पाएगा, यह सोचकर वह खुश हो रहा था।

कुछ दिन बाद साहिल की आंखों की पट्टी खुली। वह अब देख सकता था। साहिल अपनी आंखें वापस पाकर बहुत खुश हुआ। जब वह डिस्चार्ज होने लगा तो उसने डॉक्टर से डोनर का नाम पूछा। तब डॉक्टर ने उसे समर के बारे में बताया।

साहिल चौंक पड़ा ।उसकी आंखों से आंसू बह निकले। डॉक्टर ने उसे फिर हिदायत दी कि -आंखों पर बिल्कुल जोड़ नहीं देना है। किसी भी तरह का स्ट्रेन आंखों के लिए अच्छा नहीं है। साहिल ने अपने आप को संभाला और समर के घर का पता लेकर सीधे वहां से निकल पड़ा।

रास्ते भर साहिल इसी उधेड़बुन में चलता रहा कि -'क्या बात करूंगा? कैसे बात करूंग? इत्यादि ।'

वह कब समर के घर पहुंच गया उसे पता ही नहीं चला। समर के दादाजी उसे देख कर चौंक गए। उनकी आंखों से आंसू बहने लगे। वह कुछ देर साहिल की आंखों में समर को ढूंढते रहे, पर आंखों में आंसुओं के कारण सब धुंधला था।

साहिल ने उनके पैर छुए और इधर-उधर देखने लगा। एक दीवार पर एक सैनिक की फोटो टंगी हुई देखी। जिस पर फूलों की माला टंगी हुई थी। बगल में ही एक आठ से नौ साल के लड़के की मुस्कुराती हुई खूबसूरत सी तस्वीर देखी।

साहिल ने सैनिक को प्रणाम किया और समर के फोटो को एकटक देखने लगा। फिर उस फोटो को उतारकर उसे चूमते हुए बोला -"समर बेटा! मैं तेरी आंखों से ही तुझे आज देख पा रहा हूं।"

किसी अनजान की आवाज सुनकर समर की दादी और मम्मी भी बाहर आ गए। सभी साहिल को देखकर फिर से दुःखी हो गए। समर की यादें सब के दिमाग में चल रही थीं। सभी अपने-अपने ख्यालों में समर के साथ थे। सबकी आंखों से आंसू बहे जा रहे थे।

चारों ओर सन्नाटा पसरा था। तभी समर की बहन ने अपनी मां के आंसू पोंछते हुए कहा -"मम्मी! रोना अच्छी बात नहीं।" इस बात से सब की तंद्रा टूटी।

कुछ देर बाद साहिल ने बात शुरू की -"चाचा जी! मैं आपको चाचा जी बुलाऊं तो कोई हर्ज तो नहीं।"

समर के दादाजी ने कहा -"नहीं बेटे, कोई हर्ज नहीं। अच्छा यह बताओ, कैसे आना हुआ?

साहिल -"मुझे आप लोगों से कुछ बातें करनी थीं। मैं समर को या आप सभी को धन्यवाद बोलकर छोटा नहीं करना चाहता हूं। आपने समर को बहुत अच्छी-अच्छी बातें सिखाई थीं।"

" देशभक्ति का अलग-अलग तरीका बताया था। जिसका नतीजा यह है कि, उसने मुझे अपनी आंखें डोनेट कर दीं। अब मैं दिल से एक बात कहना चाहता हूं। मैं आपको और पूरे परिवार को अपनाना चाहता हूं। मैं आपका बेटा बनकर आजीवन रहना चाहता हूं।"

समर के दादा जी -"तुमने हमारे बारे में सोचा यही बहुत है। हमारे बारे में सोच कर तुमने अपना फर्ज निभाया, लेकिन तुम अपने परिवार को देखो। उनके प्रति अपना फर्ज निभाओ। यहां मैं तो हूं ही।"

साहिल -"यह कह कर आपने एक पल में मुझे पराया कर दिया। मेरा और कोई नहीं है। और मैं स्वार्थी बन कर ही सही आप लोगों को अपनाना चाहता हूं। ताकि मुझे भी एक परिवार मिल जाए। माता-पिता मिल जाएं। आप मुझे अपना बेटा बना लें।"

"वैसे भी आपके पोते ने मुझे इस परिवार का हिस्सा बना ही दिया है। अब आप लोग भी मुझे अपना लीजिए।" यह कह कर साहिल घुटनों के बल हाथ जोड़कर, सर झुका कर बैठ गया।

अब समर की दादी उठीं और उसे अपने गले लगाती हुई बोलीं -"हां तू मेरा बेटा ही है।" फिर सबके चेहरे पर हल्की सी मुस्कुराहट आई।

साहिल ने समर की मम्मी के सामने हाथ जोड़कर कहा-"आपके बेटे ने मेरे जीवन में नई रोशनी दी है। यह आंखें आपके बेटे की ही हैं। उसे फौजी बनने का बहुत शौक था, यह तो आपको मालूम ही है। अब मैं सरहद पर जो भी करूंगा, वह हमेशा मेरे

साथ रहकर अपनी आंखों से देख सकेगा। भले उसका शरीर अब नहीं है, पर सरहद पर उसकी आंखें निगहबान रहेंगी।"

यह कह कर साहिल ने समर को सलामी दी "जय हिंद"

2

एक एड्रेस

"एकएड्रेस" जो बार-बार आंखों के सामने आ जाता है "17 /34"। हर रात नींद में एक ही सपना और वह भी एक एड्रेस "17 / 34"।

"वसु, वसु, क्या हुआ? क्या बड़बड़ा रही है?" वासंती की मां सुषमा ने उसे झकझोर कर उठाया। "क्या बड़बड़ा रही है? देख कितने पसीने-पसीने हो रही है। कोई बुरा सपना देख रही है क्या?"

वासंती हड़बड़ा कर उठ जाती है। उसकी सांसे तेज-तेज चल रही हैं। जैसे कि मीलों दौड़ लगाया हो। वह ठीक से बोल नहीं पा रही थी। जैसे उसकी आवाज हलक में ही अटक जा रही हो। वासंती की मां सुषमा ने उसे पानी पिलाया और पीठ सहलाया, फिर उसके माथे पर प्यार से हाथ फेरने लगी।

कुछ देर बाद वासंती थोड़ी नॉर्मल हुई। वह उठी और बाथरूम में घुस गई। जब वह बाथरूम से फ्रेश होकर आई, तो एकदम नॉर्मल हो गई थी। सुषमा (वासंती की मां) ने पूछा-"क्या हुआ बेटा? कोई बुरा सपना देख लिया था क्या?"

वासंती-"पता नहीं? मैंने बुरा सपना तो नहीं देखा, पर एक एड्रेस है जो मुझे कई बार दिखा है सपने में। और अब हर रोज देखती हूं,"17 /34"।

सुषमा - "अरे कहीं यह एड्रेस देखा होगा तुमने। इसी लिए याद हो गया होगा। ऐसे कोई एड्रेस देखकर डरता है क्या।"

वासंती - "पता नहीं मां क्या है यह एड्रेस। किसका है यह एड्रेस। मेरी नजर में तो कोई ऐसा नहीं याद आ रहा है, जिसका यह एड्रेस हो।"

सुषमा - "अरे छोड़ इस एड्रेस को। दिमाग से निकाल दें और अपनी पढ़ाई पर ध्यान दे। कुछ ही महीने में तेरे बोर्ड का पेपर शुरू हो जाएगा।"

वासंती - "हां वह तो है। पूरी मेहनत लगा रहे हैं हम। कुछ दोस्त एक साथ ही पढ़ाई कर रहे हैं। जिसको जो नहीं आता, वह दूसरे से पूछ लेता है। काम तो आसान हो रहा है हमारा। मन लगाकर हम सभी पढ़ाई कर रहे हैं अब हम सभी किसी एक के घर इकट्ठा हो जाते हैं, और फिर पढ़ाई करते हैं। सभी के पेरेंट्स निश्चिंत रहते हैं कि, चलो किसी के घर में ही रहते हैं।"

सुषमा- "हां इस बात से तो मैं भी निश्चिंत हूं कि किसी के गार्जियन तो साथ में रहते हैं ना वहां पर।"

वसु - " हां माँ, पर मुझे भी तो किसी दिन बुलाना चाहिए ना? मैं ही सबके घर जाती हूं। क्या मैं भी अपने घर बुला लूं।"

सुषमा - "वैसे तो मुझे कोई दिक्कत नहीं है बेटा। बस मुझे तेरा ख्याल है। क्या इस छोटे से घर में तू अपने दोस्तों को बुला पाएगी? तुझे बुरा नहीं लगेगा? वह इतने बड़े-बड़े घरों में रहते हैं। और तू इस वन बेडरूम के फ्लैट में।"

वसु - " क्या हुआ जो हमारा एक ही बेडरूम है। हम बाहर वाले रुम में पढ़ाई करेंगे। और मेरे दोस्तों को इस बात से कोई फर्क नहीं पड़ता। वह मुझे प्यार करते हैं, ना कि मेरे घर को "

सुषमा - "फिर तो तू कभी भी बुला ले। मुझे कोई फर्क नहीं पड़ता। मुझे बस तेरी चिंता थी, जो तूने खुद ही दूर कर दी।"

वसु - " बस ठीक है मां। अब कुछ दिन वह यहीं आकर पढ़ाई करेंगे। अच्छा एक बात और है मां यदि कोई रात को यहां रुक जाए तो कोई हर्ज तो नहीं?"

सुषमा - "नहीं बेटा, मुझे तो कोई परेशानी नहीं होगी। पर हां वह अपने अभिभावकों

से पूछ कर ही रुके तो अच्छा। उनके मां-बाप को भी पता होना चाहिए कि वह लोग कहां है।"

वसु - " हम तो वैसा करते ही हैं ।सब बता कर ही आएंगे। जैसे मैं तुमसे पूछ कर और बता कर जाती हूं। मेरे सभी दोस्त भी वैसे ही हैं।"

यह कहते हुए वसु अपने मां के गले में दोनों बाहें डालकर उनके गले लग गई। और मां के गाल पर किस करते हुए कहा "मेरी प्यारी मां, तू कितनी अच्छी है।" फिर वासंती स्कूल के लिए तैयार होने लगती है।

वासंती एक सत्रह साल की लड़की है। जो अपनी मां के साथ एक वन बेडरूम सेट वाले मकान में रहती है। जो कि उसके पिता ने बड़ी मुश्किल से खरीदा था। वासंती को अपने पिता के बारे में ज्यादा पता नहीं है। जब वह लगभग दस साल की थी तभी उसके पिता बीमार हुए थे और एंबुलेंस में हॉस्पिटल गए थे। बाकी कुछ उसे मालूम नहीं है।

वह जब भी अपने पिता के बारे में मां सुषमा से पूछती है, सुषमा की आंखों में आंसू आ जाते हैं। और वह चुप रहकर आंसू पीने की कोशिश करती रहती है। मां की आंखों में आंसू देख कर वासंती चुप हो जाती है, और अपने पिता के बारे में जानने की इच्छा को अपने मन के अंदर ही दबा लेती है।

वासंती की 12वीं की बोर्ड परीक्षा जल्द शुरू होने वाली थी। इसीलिए सभी दोस्त मिलकर अच्छे से पढ़ाई कर रहे थे। वासंती भी बहुत अच्छे से पढ़ाई कर रही थी, पर अब उसे यह सपने डिस्टर्ब करने लगे थे।

कुछ दिन तक तो सिर्फ उसे एक एड्रेस ही दीखता था सपने में। फिर उसे किसी की चीखने की आवाज भी आने लगी थी। और उसी तरह वह हांफती थी, जैसे मिलों की दौड़ लगा कर आई हो। अब वह रात को चीख कर उठ जाती थी।

सुषमा अब थोड़ा घबराने लगी थी वह वासंती को अकेले कहीं भेजने से डरने लगी थी। वासंती दिन में एकदम नॉर्मल रहती थी। उसकी प्री बोर्ड के एग्जाम खत्म हो चुके थे और तीन महीने के बाद बोर्ड के फाइनल एग्जाम होने वाले थे।

इस बार सभी दोस्त वासंती के घर में पढ़ाई करने वाले थे, एक हफ्ते तक। सभी दोस्तों ने एक एक हफ्ते की पारी बनाकर, एक दूसरे के घर जाकर पढ़ने का शेड्यूल बनाया था। आज जब सभी दोस्त पढ़ रहे थे तो सुषमा ने सबके लिए खाना बना कर रखा, और कुछ नमकीन और बिस्किट बच्चों को पकड़ा दिया खाने के लिए। सुषमा भी आजकल ज्यादा मेहनत कर रही थी। वासंती के लिए लैपटॉप खरीदना था उसे। इसीलिए सुषमा खाना जल्दी बना कर काम करने बैठ जाती है।

दूसरे दिन छुट्टी थी इसीलिए सभी बच्चे रात को वासंती के घर रुकने का प्रोग्राम बनाते हैं। सबने अपने-अपने घर फोन करके बता दिया कि, वह लोग रात को भी वासंती के घर रुक कर पढ़ाई करने वाले हैं। सुषमा ने जब यह सुना तो थोड़ा परेशान हो गई। दो लोगों के रुकने का इंतजाम तो वह हमेशा से रखती थी पर चार लोग एक साथ रुकेंगे यह जानकर वह थोड़ा सोचने लगी।

हल्की-हल्की ठंड भी थी तो ओढ़ने बिछाने के लिए इंतजाम करना पड़ेगा। यह सोचकर वह उठी और बाहर आई। पांचों बच्चे एक साथ पढ़ाई कर रहे थे। वह बच्चों को देखकर मुस्कुराई। फिर बोली - "वसु दरवाजा बंद कर ले। मैं जरा पंद्रह मिनट के लिए बाहर जा रही हूं।"

वासंती - "रात के 9:00 बज रहे हैं मम्मी। इतनी रात को कहां जा रही हो?"

सुषमा - "बेटा मैं काम से जा रही हूं। तू परेशान मत हो, मैं तुरंत ही आती हूं।"

वसु - "ठीक है मां, संभल कर जाना। वैसे रात को ना जाती तो अच्छा होता।"

सुषमा - "आकर तुझे बताती हूं। ये बाद में नहीं हो सकता। अभी ही करना है।"

यह कह कर सुषमा चली गई। वह पांच से छः घर के दरवाजे खटखटा कर आ गई। पर गद्दे और कंबल का इंतजाम नहीं हो पाया। वह खड़ी सोचने लगी कि 'अब क्या करूं'। अचानक उसे कुछ याद आया। वह तुरंत चल पड़ी। लगभग 10 मिनट चलने के बाद वह एक टेंट हाउस वाले के यहां पहुंच गई।

उसने टेंट वाले से पूछा कि - " भैया आपके पास गद्दे और कंबल हैं?"

टेंट वाला - "आपको कितने चाहिए? रु 50 पर पीस रोज का किराया लगेगा।"

सुषमा थोड़ा सोच कर बोली - "मुझे अभी दो कंबल और दो गद्दे चाहिए। क्या वह मिल जाएगा?"

टेंट वाला - "अभी? बहन जी देखना पड़ेगा।"

सुषमा - "भैया कुछ भी करके दो कंबल और दो गद्दे दे दीजिए। बहुत जरूरी है। बड़े घर के बच्चे हैं, उन्हें किसी भी तरह कहीं भी सो जाने की आदत नहीं है।"

टेंट वाला - "ठीक है मैं इंतजाम कर देता हूं। पर रु100 अभी एडवांस देना होगा।"

सुषमा - "भैया यहां तो मैं पैसे लेकर नहीं आई हूं। पर आप जब गद्दे लेकर घर पहुंच जाओगे तभी दे दूंगी।"

टेंट वाला - "ठीक है आप एड्रेस बता दीजिए। मैं लेकर आता हूं।"

सुषमा एड्रेस देकर घर वापस आ गई। अब तक 9:45 बज चुके थे सुषमा ने सभी बच्चों को खाना परोस दिया। तभी टेंट वाला भी गद्दे, कंबल लेकर आ गया। सुषमा ने टेंटवाले को पैसे दे दिए। टेंट वाला पैसे लेकर और सुबह ले जाऊंगा बोल कर चला गया।

बच्चों ने देखा तो एक दूसरे का मुंह देखने लगे। उन्हें यह लगने लगा कि हमने कहीं रुकने का प्रोग्राम बना कर गलती तो नहीं की।

वासंती ने मम्मी से पूछा - "आप यह क्यों ले आई?"

सुषमा ने बताया - "बेटा अभी खरीद तो नहीं सकती थी ना। सारी दुकान बंद हो गए हैं, तो मुझे यही बेस्ट उपाय लगा। इसीलिए ले आई। देख इन्हें अलग-अलग बेड पर सोने की आदत है, और ठंड भी है। तो ऐसे ही तो नहीं सो सकते ना। फिर ओढ़ने के लिए कंबल भी ले लिया।

वासंती - "ओ मां।" कहती हुई उसके गले लग गई।

अब तक वासंती के सभी दोस्तों ने खाना खा लिया था और सभी चुप थे। सुषमा समझ गई। सुषमा ने सभी बच्चों से कहा - "देखो बच्चों तुम लोगों को यह बिल्कुल नहीं सोचना चाहिए कि तुम लोगों ने यहां रुक कर कोई गलती की है। दरअसल बात यह है कि दो लोगों के लिए मेरे पास हमेशा इंतजाम रहता है। और तुम लोग चार हो इसलिए यह इंतजाम किया है। एक साथ सोने से ठीक से सो नहीं पाते तुम लोग। और यह तुम लोगों का बोर्ड का एग्जाम है। इसमें जितनी जरूरी पढ़ाई होती है, उतनी ही जरूरी है प्रॉपर नींद। ठीक से सो पाओगे ,तो पढ़ाई भी ठीक से कर पाओगे।"

सुषमा की बातों से सभी बच्चे बहुत प्रभावित हुए। सभी प्रसन्न मुद्रा में फिर से पढ़ाई में जुट गए। पढ़ते-पढ़ते 2:00 बज गए अब सब को नींद आने लगी , तो सब ने सोने का प्रोग्राम बनाया। सुबह के 6:00 बज गए देर से सोने के कारण सभी गहरी नींद में सो रहे थे। अचानक से वासंती का चिल्लाना सुनकर सभी की नींद खुल गई। सुषमा वासंती के पास दौड़कर आई और उसे नींद से जगाने की कोशिश करने लगी। पर वसु नींद में बड़बड़ाते जा रही थी , 'मुझे छोड़ दो ।मैंने तुम्हारा क्या बिगाड़ा है ।प्लीज मुझे मत मारो, प्लीज मुझे मत मारो।'

सभी बच्चे घबरा गए। सुषमा जी ने वसु को झकझोर कर तेज आवाज में उठाया। वासंती हड़बड़ाई सी उठी। वह पसीने से तर थी। गले से शब्द भी नहीं निकल पा रहा था। उसकी सांसें फूल रही थी। आज वह नॉर्मल नहीं हो पा रही थी।

सुषमा ने उसे पानी पिलाया और उसके माथे को सहलाती रही। कोई उसके हाथ सहला रहा था, तो कोई पैर सहला रहा था। लगभग एक घंटे बाद वह थोड़ा नॉर्मल हुई। सभी दोस्त पूछने लगे - "क्या हुआ था तुझे।"

किसी ने पूछा - " कोई बहुत डरावना सपना देख रही थी?"

सुषमा - "हां बच्चों, यह कुछ दिनों से सपने में डर जाती है। इसे एक एड्रेस दिखता है सपने में। पर आज की तरह यह कभी चिल्लाई नहीं थी।"

वासंती ने कहा - "मां आज बहुत ही डरावना सपना था।"

सभी ने पूछा - "क्या देखा सपने में? खुल के बता। शायद हम लोग तेरी कोई मदद कर पाएं।"

सुषमा - " हां बेटा, यदि ठीक से याद है, तो आज पूरा सपना बता। तेरा ऐसा हाल रहा तो तू ढंग से पढ़ाई नहीं कर पाएगी।"

वासंती - "मां, आज तो पूरा सपना ऐसे देखा जैसे सामने कोई मर्डर मिस्ट्री फिल्म चल रही हो।"

सुषमा - "बेटा, ऐसे सपने देखोगी, तो बहुत डिस्टर्ब हो जाओगी।"

वासंती - "आज तो एक-एक डिटेल याद है मां।"

दोस्तों ने पूछा - " बता ना, फिर आगे कुछ कर पाएंगे। आंटी ठीक कह रही हैं। इस तरह बहुत परेशान हो जाएगी और पढ़ाई भी नहीं कर पाएगी।"

वासंती बताना शुरु करती है- " एक मकान है। जिसका नंबर 17 / 34, गली नंबर 8, हसनपुर लिखा है। इस मकान के मेन गेट पर एक आदमी कुछ सामान लिए खड़ा है। और उस गेट के बगल में लगे कॉल बेल को दबाता है। दरवाजा खुलता है। सामने से एक सत्रह साल की लड़की निकलती है। वह आदमी शायद कोई सेल्समैन टाइप है। वह उस घर में सामान देने आया है।"

लड़की शक्ल से उस सेल्समैन को थोड़ा बहुत पहचानती है। क्योंकि उसने हंसकर उस सेल्समैन से पूछा- "अरे आज फिर आपको ही आना पड़ा।"

"सेल्समैन का चेहरा मुझे भी कुछ जाना पहचाना लगा मां"

सुषमा - "अच्छा? क्या तू उसे पहचानती है?"

वासंती -"पता नहीं मां, पर मुझे थोड़ा जाना पहचाना लगा था।"

सुषमा -"फिर क्या हुआ? आगे बता तो शायद तू उसे पहचान सके।"

वासंती - "फिर उस सेल्समैन ने अंदर सारा सामान रखा और उस लड़की से कहा - "क्या आप मुझे पानी पिला सकती हैं?"

लड़की - "हां हां क्यों नहीं। आप आराम से बैठिए, मैं लाती हूं।"

वह लड़की अंदर जाकर पानी ले आई। सेल्समैन की तबीयत कुछ ठीक नहीं दिखाई दे रही थी।

लड़की ने पूछा - "आपकी तबीयत ठीक नहीं लगती।"

सेल्समैन - "नहीं ऐसी कोई बात नहीं है। दरअसल ठीक से सो नहीं पाता हूं और आज कुछ खाया भी नहीं है।"

लड़की - " ओह, ऐसी बात है। रूकिए मैं खाना लाती हूं, और हम दोनों साथ में खाएंगे। क्योंकि मैंने भी नहीं खाया है।"

इतना कहते-कहते वह अंदर चली गई और खाना लेकर टेबल पर रख दिया।

सेल्समैन - "आपको किसी अनजाने के साथ इस तरह फैमिलियर नहीं होना चाहिए।"

लड़की - "आप मेरे भाई जैसे हैं, और भाई भूखा हो तो क्या खाना नहीं खिलाना चाहिए?" यह कह कर वह हंसती है।

सेल्समैन इमोशनल हो जाता है। दोनों साथ बैठकर खाना खाने लगते हैं।

सेल्समैन - "अरे तुमने नाम तो बताया नहीं अपने इस भाई को?"

लड़की - "सलोनी, जी मेरा नाम सलोनी है।"

सेल्समैन - "अच्छा सलोनी, अंकल आंटी दिखाई नहीं दे रहे हैं। कहां गए हैं? और तुम अकेली यहां क्यों हो?"

सलोनी - जी वह दो दिन के लिए बाहर गए हैं। और कल मेरा एग्जाम है इसीलिए मैं उनके साथ नहीं गई। बस दो दिन की ही तो बात है।"(वह हंस कर कहती है) मैं छोटी बच्ची तो हूं नहीं कि दो दिन बिना मम्मी-पापा के नहीं रह सकती।"

सेल्समैन - "सलोनी मेरी एक बात मानोगी? आगे से ध्यान रखना कि कभी भी किसी अनजान को घर के अंदर मत आने देना।"

सलोनी - "आप तो जान पहचान के थे इसीलिए आने दिया मैंने।"

सेल्समैन - "नहीं, किसी को भी अंदर नहीं आने देना। और खासकर जब तुम अकेली हो, तब तो और ध्यान रखना।"

सलोनी - "जी जरूर, मैं आगे से पूरा ध्यान रखूंगी।

वह दोनों खाना खाकर उठे। उन्हें यह बिल्कुल ध्यान नहीं था कि गेट खुला है। तभी दो लड़के अंदर घुस आए और दरवाजा अंदर से बंद कर दिया। यह दोनों जब तक कुछ समझते तब तक दोनों ने पिस्तौल निकाली और उन्हें गन पॉइंट पर ले लिया। ये लड़के ऐसे थे जो लोगों को लूटते थे और फिर नशा किया करते थे।

सलोनी को देखकर दोनों ने एक दूसरे को देखा और कहा - "यार यहां तो यह माल भी अच्छा है। इसका भी स्वाद लेंगे।" (ऐसी बातें हम औरतों को कभी भी ,राह चलते भी सुनने को मिल ही जाती हैं।) दोनों गन पॉइंट पर सलोनी और सेल्समैन को लेते हुए, खुद भी नशा करते हैं और थोड़ा उस सेल्समैन और सलोनी को जबरदस्ती खिलाते हैं।

कुछ देर में ही सलोनी और सेल्समैन को नशा हो जाता है। उन्हें नशे की आदत नहीं थी इसीलिए थोड़ी सी मात्रा होने पर भी उन्हें नशा हो गया। और लड़के तो नशे के आदी थे तो उन्हें ज्यादा नशा नहीं हुआ। अब उन लोगों ने सेल्समैन को वहीं कुर्सी पर बांध दिया और मुंह पर टेप लगा दिया। उसके सामने ही सलोनी से एक-एक कर दोनों ने रेप किया।

फिर उनमें से एक लड़के को शरारत सूझी और उस सेल्समैन के भी कपड़े उतार

कर उसे धमकाकर सलोनी का रेप करवाया। इतना कहते-कहते वासंती की सांसे फिर से तेज - तेज चलने लगती हैं ,और वह बेचैन हो जाती है।

सुषमा उसे सीने से लगाकर शांत करने की कोशिश करने लगती है। वासंती अगल-बगल अपने दोस्तों को देखकर कुछ कहते - कहते रुक जाती है। उसकी आवाज भी ठीक से निकल नहीं पा रही थी। सभी उसे रिलैक्स करवाने लगे। एकाएक घड़ी में 12:00 बजे की घंटी बजी। सबका ध्यान उस तरफ गया।

अब सभी थोड़ा रिलैक्स हो गए थे। सुषमा ने वासंती से पूछा - "बेटा अब कैसा लग रहा है? "

वासंती - " मां, अब ठीक लग रहा है। (अपने दोस्तों की तरफ देखते हुए) "सॉरी यार मेरी वजह से तुम लोगों को इतनी परेशानी हुई। और पढ़ाई भी रुक गई।"

" कोई बात नहीं यार, अच्छा हुआ हम लोग रात को यहीं रुक गए। नहीं तो तेरी परेशानी हम लोगों को पता नहीं चलती "- दोस्तों ने कहा।

फिर सभी अपने-अपने घर जाने को हुए, तो सुषमा ने बच्चों को खाना खाने के लिए रोक लिया। सभी बच्चों ने अपने-अपने घर फोन करके बता दिया कि -'खाना खाकर घर वापस आ जाएंगे।'

सभी खाना खाते हुए वासंती से और जानकारी ले रहे थे वासंती ने बताया कि - 'उसे तारीख भी याद थी और साल भी ' तो सभी आश्चर्यचकित हो गए फिर वासंती ने बताया कि - "घड़ी के नीचे एक कैलेंडर था जिसमें मार्च 2012 ईस्वी लिखा था। और तारीख इसलिए कि सलोनी ने बताया था कि उसके मम्मी पापा 14 को आएंगे यानी 13 मार्च 2012 की बात है।"

अब सभी को यह तसल्ली हो गई कि - तारीख, महीना, साल पता रहने से उन लोगों को गूगल सर्च करने में आसानी होगी। फिर एड्रेस और जगह का पता भी है। बच्चों ने निर्णय लिया कि पढ़ाई के बीच में जब ब्रेक लेते हैं, तब इस साल की इसी तारीख को हुए कांड को सर्च करेंगे। और बाकी बातें पता लगाएंगे की यह घटना सच है या सिर्फ सपना।"

सभी दोस्त खाना खाकर अपने-अपने घर चले गए। अब वासंती अपनी मां सुषमा के गोद में सिर रख कर लेट जाती है, और बातें करने लगती है। फिर वह बातों ही बातों में अपनी मां से अपने पापा के बारे में पूछती है। सुषमा फिर से चुप रह जाती है, कुछ नहीं बताती है।

अब वासंती ने बोला - "मां, एक बात पूछूं? पापा क्या करते थे?"

सुषमा - "बेटा, वह एक कंपनी में नौकरी करते थे।"

वासंती - "और कुछ?"

सुषमा - "नहीं। पर तू यह क्यों पूछ रही है?"

वासंती - "वह इसलिए मां, कि वह सेल्समैन और कोई नहीं पापा ही थे।"

सुषमा - "क्या? (चौंक कर) क्या बकवास कर रही हो?"

वासंती - "हां मां, वह पापा ही थे। मैंने अपने दोस्तों की वजह से उस समय यह नहीं बताया। अब बताओ मां पापा कहां है?"

सुषमा की आंखों से आंसू बहने लगते हैं।

सुषमा आंखों के आंसू पोछते हुए बोली - "बेटा, तेरे पापा मेंटल हॉस्पिटल में है।" यह कह कर वो फिर से रोने लगती हैं।

वासंती - "मां तुम रोने क्यों लगती हो। तुम्हें तो स्ट्रांग बनना है। अब रो मत और मुझे बताओ पापा वहां कैसे पहुंचे?"

सुषमा - "कहां कैसे पहुंचे?"

वसु - "मां, पापा पागल कैसे हुए? ऐसी क्या बात हुई कि वह मेंटल हॉस्पिटल पहुंच गए?"

सुषमा - "बेटा, मुझे तो आज तक यही पता था कि - वह एक कंपनी में काम करते थे और जब यह मकान बुक किया था। तो इसका इंस्टॉलमेंट भरने के लिए दिन रात मेहनत करते थे। कई कई दिन घर भी नहीं आते थे।"

वसु - "तो आपने पूछा नहीं कि वह कहां गायब रहते हैं?"

सुषमा - "हां पूछा था, तो उन्होंने बताया था कि ओवर टाइम करता हूं, और कई बार शहर से बाहर चला जाता हूं। इसीलिए यहां नहीं आ पाता। उस समय मेरे पास फोन नहीं रहता था। इसलिए पता नहीं चल पाता था। पर मुझे तेरे पापा पर पूरा विश्वास है। इसलिए मैं निश्चिंत रहती थी। पर अब आगे कुछ पता नहीं ....."

वसु - "फिर अचानक ऐसा क्या हुआ?"

सुषमा - "पता नहीं, एक दिन घर आए तो खूब उल्टी की। दूसरे दिन से बुखार चढ़ गया। फिर धीरे-धीरे वह बेचैन से रहने लगे, जैसे अंदर ही अंदर घुट रहे हों। अपने में ही खोए रहते थे। फिर कुछ दिन बाद वह अकेले में बड़बड़ाते रहते थे,- 'मुझे माफ कर दो' 'मुझे माफ कर दो'। फिर तुझसे, मुझसे या कोई और भी मिल जाता तो उससे भी यही कहते- 'मुझे माफ कर दो'- 'मुझे माफ कर दो। उसके बाद उन्हें अक्सर तेज बुखार हो जाता था।"

डॉक्टर को दिखलाया तो उन्होंने कहा कि - "इन्हें कोई बात परेशान कर रही है, जो इनके दिमाग पर हावी हो गया है। कोई ऐसी घटना जो अब यह बताने की स्थिति में नहीं है। क्या आपको कुछ पता है।"

सुषमा - "मैंने डॉक्टर से कहा कि - 'मुझे ऐसा कुछ मालूम नहीं है।' फिर डॉक्टर ने सुझाव दिया कि इन्हें हॉस्पिटल में भर्ती कर दीजिए ताकि इनका ठीक से इलाज हो पाए। मैंने उन्हें हॉस्पिटल भेज दिया।"

इतना कहकर सुषमा की आंखों से फिर से आंसू बहने लगे।

वासंती - "मां, क्या आपको अभी भी पापा पर पूरा विश्वास है?"

सुषमा - "हां बेटा, मुझे उन पर अभी भी विश्वास है। वह कुछ ऐसा वैसा नहीं कर सकते।"

वासंती - "ठीक है मां, यदि मेरे सपने वाली घटना सच है, तो मैं इसका पता लगाकर रहूंगी। और सच्चाई सबके सामने लाऊंगी।"

अब वासंती और उसके चारों दोस्त पढ़ाई के साथ-साथ गूगल पर ऐसी घटनाओं की जानकारी निकालने लगे। जगह ,एड्रेस और साल, महीना, तारीख सभी उन लोगों को पता थी। इसलिए जल्दी ही उन्हें कामयाबी मिल गई। पर यह केस अनसॉल्वड केस में पेंडिंग पड़ी थी। उन लोगों ने सारी जानकारी इकट्ठा की। उस केस के इंस्पेक्टर के बारे में पता किया। सभी ने इस मिशन को "मिशन सलोनी" नाम देकर काम शुरू कर दिया।

एक दिन वासंती सुषमा के साथ अपने पिता से मिलने मेंटल हॉस्पिटल पहुंची। वासंती के पिता प्रकाश को एक अलग रूम में लाया गया। और डॉक्टर से स्पेशल परमिशन लेकर वासंती और सुषमा उनसे मिलने उस रूम में गईं। डॉक्टर ने उन्हें बताया कि - 'प्रकाश की हालत स्थिर है। पर वह अभी भी हमेशा चुप ही रहता है।

वासंती (प्रकाश को देखकर) - "पापा, (यह कहकर वासंती प्रकाश के पैर छू लेती है) पापा मैं आपकी वसु।"

प्रकाश आश्चर्य और अनभिज्ञता से सुषमा और वासंती को देखता है।

सुषमा - "प्रकाश! आप कैसे हैं? यह आपकी बेटी वसु है। इसके एग्जाम होने वाले हैं। इसीलिए यह आप से आशीर्वाद लेने आई है।"

प्रकाश चुप रहता है और अभी भी उन दोनों को पहचानने की कोशिश करता है।

बहुत कोशिश करने के बाद प्रकाश को सुषमा का नाम और चेहरा याद आ जाता है। पर बाकी कुछ याद नहीं आता। उसे अभी भी यह याद नहीं है कि सुषमा उसकी कौन है। वासंती को तो बचपन में देखा था, और अब वह बड़ी हो गई थी। इसीलिए उसे बिल्कुल भी नहीं पहचाना।

अब डॉक्टर ने उन दोनों को अपने केबिन में बुलाया डॉक्टर - "आज बस इतना ही। चलिए उसे आपका नाम और चेहरा याद आ गया। इसका मतलब है कि वह धीरे-

धीरे ठीक हो जाएगा। उसे अब जितनी जल्दी पुरानी बातें याद आएंगी, उतनी ही जल्दी ठीक हो जाएगा। आप लोग उसे कुछ -कुछ पुरानी बातें याद दिलाते रहिए। लेकिन ध्यान रहे, बहुत ज्यादा जोर नहीं डालना है। क्योंकि इनकी इस मानसिक स्थिति का कारण जब तक पता नहीं चल जाता तब तक संभल कर रहना है। यदि वे उस घटना को फिर से याद करेंगे तो खतरनाक भी हो सकता है।"

तीन से चार दिन बाद सुषमा और वासंती फिर प्रकाश से मिलने जाती हैं। आज वासंती ने अपने पिता की फेवरेट आलू - गोभी की सब्जी और पराठे बनाया था। डॉक्टर से परमिशन लेकर दोनों प्रकाश के पास गईं। सुषमा ने हालचाल पूछा और वासंती से कहा - "वसु तू तब तक पापा को खाना खिला। मैं एक बोतल पानी ले आती हूं।" यह कह कर वह चली गई।

वासंती - " पापा, देखो मैं आपके लिए क्या बना कर लाई हूं। आपकी फेवरेट आलू - गोभी की सब्जी और पराठे।"

वह टिफिन लेकर प्रकाश के पास बैठ जाती है और उसे खिलाने लगती है। बीच-बीच में खुद भी खाती है और कहती है - "आज मैं भी आपके साथ ही खाऊंगी"

अचानक से प्रकाश खाना फेंककर चिल्लाने लगता है, और "मुझे माफ कर दो" कह कर रोने लगता है। बीच-बीच में अपना सिर पीटने लगता है। यह देखकर वासंती घबरा कर खड़ी हो जाती है, और रोने लगती है।

प्रकाश उसके पैर पकड़ कर - "मुझे माफ कर दो सलोनी" , "मुझे माफ कर दो सलोनी" चिल्लाता रहता है। उसी समय सुषमा वहां पहुंचती हैं। वह यह सब देखकर सन्न रह जाती है। उसके हाथ से पानी की बोतल छूट जाती है। वह दौड़कर वासंती को सीने से लगा लेती है।

प्रकाश अभी भी चिल्ला रहा होता है-'मुझे माफ कर दो सलोनी'। इस हंगामे को सुनकर डॉक्टर और नर्स भी पहुंच जाते हैं, और प्रकाश को पकड़कर इंजेक्शन देकर शांत करते हैं।

डॉक्टर , सुषमा और वासंती को लेकर अपने केबिन में आ जाते हैं। डॉक्टर - "यह क्या कर रही हैं आप? इनकी हालत फिर से खराब हो सकती है। फिर बाद में

ठीक होना मुश्किल हो जाएगा "

सुषमा - "पता नहीं, हमने ऐसा तो कुछ नहीं किया।"

वासंती - "मैं पापा को खाना खिला रही थी, और फिर खुद भी खा रही थी। अचानक ही उन्होंने टिफिन फेंक दिया और चिल्लाने लगे।"

डॉक्टर - "और यह सलोनी कौन है? क्या आप लोग जानते हैं इसे?"

सुषमा और बसंती दोनों एक दूसरे का मुंह देखने लगती हैं। वासंती ने मां को आंख से इशारा करके आश्वस्त किया और डॉक्टर से बोली - "डॉक्टर, हम लोग सलोनी को नहीं जानते हैं। हां पर एक घटना हुई है, जो मुझे सपने में बार-बार दिखता है।

डॉक्टर ने व्यंग्यात्मक लहजे में पूछा - "और वह सपना क्या है?"

वासंती - "मुझे पता है, आपको मेरी बात पर विश्वास नहीं होगा। पर यदि आप इसे ध्यान से सुने, तो शायद आपको भी इलाज में सहायता ही मिलेगी।"

डॉक्टर - "और वह कैसे?"

वासंती - "मैं कोई मजाक नहीं कर रही हूं डॉक्टर। यह सपना मेरे पापा और सलोनी से जुड़ी है, इसलिए कह रही हूं।"

डॉक्टर - "ठीक है, बताइए।"

वासंती ने सपने में देखी घटना डॉक्टर को बताई।

वासंती के सपने वाली घटना सुनकर डॉक्टर भी सोच में पड़ गया। ऐसा कैसे हो सकता है। फिर बहुत सोचने के बाद डॉक्टर ने कहा- "यदि यह घटना सच में हुई है और मिस्टर प्रकाश सच में इसमें इंवॉल्व हैं तो जरूर इलाज करने में फायदा हो सकता है।"

डॉक्टर - "सुषमा जी अब यह बताइए कि ये कब बीमार पड़े?"

सुषमा - (सोचने लगती है फिर उसे याद आता है कि) मार्च 2012 में ही इन्हें उल्टी और बुखार शुरू हुआ था। और उसके बाद से ही धीरे-धीरे बीमार होते गए। फिर मानसिक स्थिति खराब होती गई। लगभग एक साल होते - होते इन्हें हॉस्पिटल में भर्ती करना पड़ा था।"

डॉक्टर - "अब कुछ-कुछ बात समझ में आ रही है। यदि यह सपने वाली बात सच है। और इस घटना से ही इनके मन को भयानक आघात पहुंचा है। जिससे इन्हें बुखार होने लगा और अंदर ही अंदर घुटने के कारण इनकी यह स्थिति हुई है।

"यदि इस हिसाब से चलें तो इलाज में जरूर आसानी होगी।"

डॉक्टर - "इसमें मुझे आप लोगों का साथ भी चाहिए और सहमति भी चाहिए। क्योंकि हम जो ट्रीटमेंट देंगे उससे या तो ये ठीक हो जाएंगे या फिर स्थिति और खराब हो जाएगी।"

वासंती और सुषमा थोड़ा सोच में पड़ जाते हैं ।

सुषमा ने कहा - "नहीं-नहीं डॉक्टर कहीं और ज्यादा तबीयत खराब हो गई, तो मैं क्या करूंगी।"

तभी वासंती उसका हाथ पकड़ लेती है।

वासंती - "मां एक बार कोशिश करने में क्या हर्ज है।

सुषमा - "नहीं - नहीं मुझे डर लग रहा है।"

वासंती - "सोचो मां ,यदि यह इलाज सफल हो गया तो। पापा घर आ जाएंगे और हम सभी साथ में खुशी - खुशी रहेंगे। फिर एक बात और भी तो होगी की सलोनी के गुनहगारों को सजा भी तो मिलेगी। ये भी तो सोचो उसके मां पिताजी कितने दुखी होंगे। वैसे भी पापा अभी तक इस हॉस्पिटल में ही तो हैं। ठीक हो जाएंगे अच्छा , वरना हमारा नसीब। हम तो अभी भी इनके बिना ही रह रहे हैं। रिस्क लेंगे तभी तो कुछ हो पाएगा। हमें भगवान से यही प्रार्थना करना है कि पापा ठीक हो जाएं। ताकि

हमें पापा भी मिल जाएं और सलोनी के गुनहगारों को सजा भी मिल जाए।"

डॉक्टर - "ये ठीक कह रही है सुषमा जी। सोचिए ठीक हो गए तो कितना अच्छा होगा। हमें होप नहीं खोना चाहिए।"

सुषमा - " ठीक है मैं साथ दूंगी।"

अब डॉक्टर इस केस पर विचार करने लगे। डॉक्टर ने एक हफ्ते का समय मांगा। फिर सुषमा और वासंती को वापस घर जाने को कहा।

अब सुषमा रोज भगवान से सब ठीक होने के लिए प्रार्थना करने लगीं। वासंती को उम्मीद जगी तो उत्साह भी बढ़ गया। वह पढ़ाई भी करती और मां को सब अच्छा होने का ढांढस भी बंधाती। बोर्ड के एग्जाम में बस डेढ़ महीने ही बचे थे।

सुषमा को वासंती के भविष्य की भी चिंता थी और प्रकाश के इलाज की भी चिंता थी। वह किसी तरह बस अपना काम किए जा रही थी। सुषमा अब भगवान के भरोसे ही सब कर रही थी। आखिर एक सप्ताह बीत गया।

आज सुषमा और वासंती को फिर से प्रकाश से मिलने जाना था। डॉक्टर ने कहा था कि - "यह शॉक ट्रीटमेंट होगा। इसलिए आप सबका वहां होना जरूरी होगा। ताकि यदि आपकी कोई मदद की जरूरत पड़े तो वह तुरंत मिल सके।"

सुषमा और वासंती भगवान से प्रार्थना करती हुई नियत समय पर हॉस्पिटल पहुंच गईं।

सुषमा की घबराहट बढ़ती जा रही थी।

डॉक्टर ने कहा - "सुषमा जी, आपको घबराने से काम नहीं चलेगा। आपको मेरा साथ देना होगा। प्रकाश बच्ची को तो अभी पहचान नहीं रहे हैं। और ठीक होने के बाद भी नहीं पहचान पाएंगे। क्योंकि उसने इसे बचपन में ही देखा था, इसीलिए आपको ही उसे संभालना पड़ेगा।"

डॉक्टर - "अब आप दोनों तैयार हो जाइए। यह एक शॉक ट्रीटमेंट है। इनके सामने

वह सीन क्रिएट किया जाएगा। ताकि प्रकाश को कुछ याद आ सके। यदि याद आ गया तो एक झटके में ही हो ठीक भी हो जाएगा। हां, लेकिन उस समय उसे इमोशनल सपोर्ट की जरूरत पड़ेगी। वह सिर्फ आप ही ठीक से दे पाएंगी। और वह सिर्फ आपको ही पहचान पाएगा।"

वासंती - "मां अब आप अपने आप को मजबूत बना लो। आपके हाथ में बहुत कुछ है। यदि आपने पापा को संभाल लिया तो सब अच्छा ही होगा।"

डॉक्टर - "आप लोग इस शीशे की दीवार के पीछे रहिए। जब मैं इशारा करूं, उसी समय आप वहां आ जाइएगा।"

सुषमा - "ठीक है।"

वासंती और सुषमा दोनों गले लग जाती हैं, और शीशे से दूसरे रूम में एक दूसरे का हाथ पकड़कर देखने लगती हैं।

सभी डॉक्टर और नर्स भी तैयार रहते हैं। उसके बाद वही सीन क्रिएट किया जाता है – 'जहां दो लड़के नशा करते हैं और एक लड़की से रेप करते हैं। फिर प्रकाश के कपड़े उतारते हैं।'

तभी प्रकाश एकाएक चिल्ला पड़ता है। "सलोनी"-"सलोनी" , छोड़ो मुझे। 'मुझे माफ कर दो सलोनी। तुमने मुझे अपना भाई बनाया और मैंने क्या कर दिया। मैं तुझे बचा भी नहीं पाया।'

अब डॉक्टर को आभास हो गया की सुषमा जी को बुलाना चाहिए। उन्होंने इशारा किया सुषमा वहां आ गई। प्रकाश लगातार रोए जा रहा था। सुषमा के सामने आते ही प्रकाश उसके गले लग गया। अब कुछ देर दोनों एक दूसरे की बाहों में रोते रहे। इधर वासंती भी रो रही थी। उसकी आंखों से खुशी के आंसू भी निकल रहे थे और दर्द के भी ।

कुछ देर रोने के बाद प्रकाश ने सुषमा से माफी मांगते हुए। सलोनी के साथ घटी उस घटना का जिक्र पूरी डिटेल में बताया।

सब कुछ एकदम वैसा ही जैसा वासंती ने सपने में देखा था। अब डॉक्टर ने चैन की सांस ली और प्रकाश को अपने रूम में भेज दिया। फिर डॉक्टर सुषमा और वासंती को लेकर अपने केबिन में आ गया।

डॉक्टर - "भगवान का शुक्र है अब प्रकाश को सब कुछ याद आ गया है। लेकिन मैं उसे अभी दो से चार दिन और हॉस्पिटल में ही रखूंगा। क्योंकि यह एक क्राइम से रिलेटेड केस था, इसलिए मुझे पुलिस को भी यहां बुलाना पड़ेगा। ताकि वह इस केस की छानबीन कर सके। प्रकाश आईविटनेस हैं और इस केस में इंवॉल्व भी हैं। इसलिए मैं इन्हें यहां रखना चाहता हूं, ताकि छानबीन के समय प्रकाश को फिर से कोई परेशानी ना हो।"

डॉक्टर - "अब आप लोग घर जाइए, और जब आपको बुलाया जाए तो आ जाइएगा।"

सुषमा - " डॉक्टर, अब कोई खतरा तो नहीं है ना?"

डॉक्टर - "लगता तो नहीं है कि अब कोई खतरा होगा। फिर भी मैं तो यहां हूं ही। अब आप निश्चिंत रहिए।"

सुषमा - "डॉक्टर, अब (वसु की तरफ इशारा करते हुए) इसे यहां आने की जरूरत तो नहीं है ना? दरअसल इसके बोर्ड के एग्जाम होने वाले हैं। और इन सब सिचुएशन के कारण इसकी पढ़ाई नहीं हो पा रही है।"

डॉक्टर- " नहीं, इसे अब यहां आने की जरूरत नहीं है। फिर भी, यदि जरूरत पड़ी तो बुला लूंगा।"

वासंती - "ठीक है डॉक्टर, एक बात आपको और बताना चाहूंगी, इस केस से रिलेटेड।"

डॉक्टर - "क्या बताना है? बताओ।"

वासंती - "हमने इस केस की छानबीन की थी गूगल सर्च से, तो इस सलोनी केस को देखने वाले इंस्पेक्टर का भी पता किया था। यह है इंस्पेक्टर का नाम और पता,

एंड मोबाइल नंबर।"

वासंती एक कागज निकालकर डॉक्टर को दे देती है।

डॉक्टर - "थैंक यू, एंड प्राउड ऑफ यू। तुमने यह देकर मेरा काम आसान कर दिया है।"

सुषमा - "आपका बहुत-बहुत शुक्रिया डॉक्टर। (हाथ जोड़ते हुए) आज आपने हमारे जीवन की खुशियां लौटाई हैं। बहुत-बहुत धन्यवाद।"

सुषमा और वासंती घर वापस आ जाती हैं। अब सुषमा भगवान का शुक्रिया अदा करती है फिर वासंती को गले से लगा लेती है। वह आज बहुत खुश है कि प्रकाश ठीक हो गए। वासंती भी काफी खुश है। और वह अपने दोस्तों से ये सारी बातें शेयर भी करना चाहती है। लेकिन उसके दोस्तों को प्रकाश के बारे में कुछ नहीं पता था, इसीलिए वासंती ने सोचा की केस खत्म होने के बाद ही बताऊंगी।

अब बोर्ड के एग्जाम में भी समय नहीं था। वासंती पूरे जोर-शोर से पढ़ाई करने में लग गई।

इधर डॉक्टर ने सलोनी केस के इंस्पेक्टर को फोन किया और उन्हें हॉस्पिटल बुलाया।

इंस्पेक्टर, सलोनी के केस में अचानक से आए हुए सुराग को हाथ से जाने नहीं देना चाहता था। लेकिन वर्तमान समय में कामों की भी अधिकता थी। इंस्पेक्टर ने डॉक्टर से दो दिन का समय मांगा, और पुरानी पेंडिंग पड़ी हुई केस फाइलों में से सलोनी के केस की फाइल तलाशने लगा।

बहुत देर बाद उन्हें वह फाइल मिल गई। इस अनसुलझे केस से इंस्पेक्टर की बहुत किरकिरी भी हुई थी और साथ ही साथ वह खुद भी इस केस को ना सुलझा पाने के कारण दुखी थे।

सलोनी के माता - पिता का सामना करना भी उनके लिए मुश्किल हो जाता था। और फिर सलोनी के माता - पिता लगभग हर हफ्ते आकर 'केस में कुछ प्रोग्रेस हुआ कि नहीं' पूछा करते थे।

दो दिन बाद इंस्पेक्टर हॉस्पिटल पहुंच गए। डॉक्टर ने उसे कुछ बातें बताईं और प्रकाश के बारे में भी बताया। प्रकाश की पूरी मेडिकल हिस्ट्री बताने के बाद डॉक्टर ने बताया - "कि आप इस केस की छानबीन फिर से शुरू करें। लेकिन प्रकाश से जो कुछ भी पूछताछ करनी है, वह हॉस्पिटल में ही करें। ताकि यदि जांच के दौरान कोई मेडिकल इमरजेंसी आए तो इनका इलाज तुरंत हो सके।"

अब इंस्पेक्टर ने थोड़ी राहत की सांस ली कि 'सलोनी केस में कुछ तो आगे बढ़ पाएंगे' इंस्पेक्टर ने स्केच आर्टिस्ट और सलोनी के माता-पिता को भी हॉस्पिटल बुलाया। अब प्रकाश से पूछताछ शुरू हुई। सलोनी के माता-पिता और डॉक्टर की मौजूदगी में ही यह पूछताछ शुरू हुई। प्रकाश के कहे अनुसार स्केच आर्टिस्ट ने दोनों रेपिस्ट का स्केच तैयार किया।

फिर प्रकाश आगे बताने लगा -"जब उन दोनों ने सलोनी का रेप किया। उसके बाद उन्होंने मुझे गन पॉइंट पर लेकर मुझे भी रेप करने को कहा।"

इंस्पेक्टर - "एक मिनट, एक मिनट, तुमने कहा कि तुमने भी रेप किया। पर मेडिकल रिपोर्ट में तो सिर्फ दो लोगों के रेप की पुष्टि हुई।"

प्रकाश - " जी हां, रेप सिर्फ उन दोनों ने ही किया था। मैं तो गन पॉइंट पर होने के कारण सिर्फ नाटक कर रहा था। पर नशे के कारण ना तो मेरा दिमाग कुछ सोच पा रहा था, और ना ही उनका उस बात पर इतना ध्यान गया।"

"सलोनी ने मुझे अपना भाई बनाया था, और बस मैं इतना सोच पाया कि, मुझे यह नाटक करना है।"

इतना कहकर प्रकाश रोने लगा, और बड़बड़ाने लगा - "काश मैं कुछ और उस समय सोच पाता। काश मैं सलोनी को बचा पाता।"

सलोनी के माता-पिता अब तक सारी बातें चुपचाप सुन रहे थे। वे सिर्फ भीगी आंखों से प्रकाश को देख रहे थे। जब प्रकाश बड़बड़ाने लगा तो वह दोनों उठे और प्रकाश को सीने से लगा लिया।

अब प्रकाश और जोर-जोर से रोने लगा। और सलोनी के माता-पिता से माफी मांगने लगा।

प्रकाश - "मुझे माफ कर दीजिए। मैं उस प्यारी सी बच्ची को बचा नहीं पाया। उसने मुझे अपना भाई बनाया था मैं कुछ नहीं कर पाया।"

इस प्रकार प्रकाश बार-बार उनसे माफी मांगने लगा। सलोनी के माता-पिता की आंखों से भी सिर्फ आंसू ही बह रहे थे।

अब इंस्पेक्टर ने प्रकाश को बैठाया और फिर पूछा- "आगे क्या हुआ? सलोनी को किसने मारा?"

प्रकाश - "मुझे नहीं पता कि सलोनी को मारा किसने। मुझे यह बात दूसरे दिन अखबार से पता चली। जिससे मैं बेहद परेशान हो गया था और मुझे उल्टी और बुखार होने लगा था।"

इंस्पेक्टर - "तो तुम घर कैसे पहुंचे? आगे क्या - क्या हुआ? जितना तुम्हें पता है वह मुझे बताओ।"

प्रकाश - "कुछ देर बाद उन्हीं लोगों ने मुझे कपड़े पहना कर कुछ दूर सुनसान सड़क पर मुझे छोड़ दिया। पता नहीं मैं कितनी देर उस सड़क पर पड़ा रहा। सुबह हुई और नशा थोड़ा कम हुआ तो किसी तरह घर पहुंचा। घर पहुंच कर सीधा बाथरूम में घुस गया और बहुत देर तक नहाता रहा। फिर नशा जब छूटा तो मैंने अखबार में सलोनी के मर्डर वाली बात पढ़ी। मैं डर गया। मैंने कितनी ही बार अपनी पत्नी सुषमा को इस बारे में बताने की कोशिश की। पर बता नहीं पाया। उसके बाद और क्या-क्या हुआ वह मुझे खुद भी पता नहीं।"

डॉक्टर - "उसके बाद यह मानसिक ट्रोमा में चले गए थे। और फिर सात साल से इस हॉस्पिटल में ही है।"

इंस्पेक्टर - " ठीक है। अब स्केच बन गया है, तो इन लोगों को तो मैं किसी भी हाल में छोड़ने वाला नहीं हूं। इनको तो इनके किए की सजा मिलकर ही रहेगी। लेकिन मिस्टर प्रकाश आपको भी कोर्ट में पेश करना होगा।"

सलोनी के माता - पिता ने कहा - "नहीं मुझे इनसे कोई शिकायत नहीं है। यह तो बिना कुछ किए ही भगवान द्वारा दी गई सजा को भुगत रहे थे। मुझे तो बस उन कातिलों को सख्त से सख्त सजा दिलानी है ।"

जल्द ही पुलिस ने धड़ पकड़ शुरू की। जिसके फलस्वरूप दोनों कातिल पकड़े गए। जब उन कातिलों से पूछताछ की गई, तो उन्होंने जो बताया वह इस प्रकार था - "वे लोग, जिनके घर कूरियर आता था और लोग कूरियर का डब्बा ऐसे ही फेंक दिया करते थे। उन डब्बों पर जो एड्रेस लिखा होता था, उस घर की रेकी करते थे। और फिर जो ज्यादा मालदार पार्टी लगती, उनके घर जाकर चोरी और लूटपाट किया करते थे। फिर सारे सबूत मिटाकर दूसरी जगह चले जाते थे।"

इन्हीं सब क्राइम के बीच इन्हें नशे की लत भी लगी और फिर क्राइम में भी बढ़ोतरी हुई। इनकी कोशिश रहती थी कि, जब घर में कोई ना हो तब चोरी किया करते थे। लेकिन सलोनी के घर की रेकी करते वक्त इन्हें यह पता नहीं था कि कोई घर में रहेगा।

उनके हिसाब से सभी बाहर जाने वाले थे, इसीलिए वह लोग सलोनी के घर थोड़ा नशा करके आए थे। फिर सलोनी को देखा तो नीयत खराब होते देर ना लगी। उन्होंने खुद भी नशा किया, सलोनी को भी करवाया और सेल्समैन को भी नशा करवाया।

फिर रेप करने के बाद जैसा कि प्रकाश ने बताया था। उसी प्रकार प्रकाश को गन पॉइंट पर लिया था और उससे भी रेप करवा कर, प्रकाश को कपड़े पहनाकर सुनसान सड़क पर छोड़ दिया। खुद वापस सलोनी के घर आ गए थे।

सलोनी अभी भी बेसुध पड़ी थी। उन लोगों ने उसके साथ कई बार रेप किया और लूटपाट करके कुछ देर वहीं बेसुध होकर बैठ गए। आधी रात बीत जाने पर जब सलोनी को होश आया, तो वह चिल्लाने की कोशिश करने लगी। इन दोनों ने उसे चुप कराने की कोशिश की लेकिन सलोनी लगातार अपने आप को छुड़ाने की कोशिश करती रही।

इसी क्रम में इनमें से एक ने सलोनी को पहले तो बहुत मारा और गुस्से में उस

पर चाकू से कई वार किए। यह चाकू सलोनी ने इन को मारने के लिए उठाई थी। उसी चाकू को सलोनी के हाथ से छीन कर उसने सलोनी को मार डाला। और सबूत मिटाकर लूटपाट का सामान इकट्ठा कर वहां से भाग गए।

कातिलों के जुर्म कबूल लेने के बाद इंस्पेक्टर ने उन्हें रिमांड पर ले लिया। उन दोनों पर कई केस लगाए - रेप चार्जस, मर्डर चार्जेस और लूटपाट के चार्जेस लगाकर उन्हें जेल भेज दिया फिर कोर्ट केस चालू हुआ। जिसमें प्रकाश को कई बार गवाही देने कोर्ट जाना पड़ता था।

एक स्पेशल केस होने के कारण इस केस की सुनवाई जल्दी जल्दी होने लगी।

दो महीने इसी सब में बीत गए इधर वासंती की बोर्ड की परीक्षा समाप्त हो गई थी। अब वह अपने पापा के साथ कुछ समय बिताना चाहती थी। डॉक्टर ने प्रकाश को घर जाने का परमिशन दे दिया था। केस की सुनवाई भी चल ही रही थी।

एक दिन सुषमा ने प्रकाश से पूछा- " आप तो कंपनी में नौकरी कर रहे थे। तो फिर यह सेल्समैन कैसे बन गए? और आप सलोनी के घर कैसे पहुंचे?"

प्रकाश - "जब मैंने यह घर लिया था तो इंस्टॉलमेंट काफी ज्यादा देना पड़ रहा था। मैंने कंपनी के साथ-साथ एक और काम पकड़ लिया था। उसी काम के सिलसिले में मुझे कितनी बार घर से बाहर रहना पड़ता था।"

सुषमा - "तो आपने मुझे यह सब बताया क्यों नहीं था?"

प्रकाश - "मैं तुम्हें यह सब बता कर परेशान नहीं करना चाहता था। और फिर मैं किसी तरह मैनेज कर ही रहा था। इसी सिलसिले में मैं कुछ सामान लेकर सलोनी के घर गया था, और यह सब कांड हो गया।"

सुषमा - "आपने तो मुझे परेशानी से बचाने की कोशिश की। पर भगवान को यह मंजूर नहीं था। उन्होंने मेरे हिस्से उससे ज्यादा परेशानी लिख रखी थी।"

वासंती - "अरे आप लोग छोड़ो ना यह इमोशनल बातें। यह तो देखो की सलोनी ने मुझे ही चुना था, उसके कातिलों को सजा दिलाने के लिए। और अब उन कातिलों

को सजा मिल ही जाएगी।"

प्रकाश - "हां, यह तो तुमने सही कहा। और इंस्पेक्टर ने यह बताया भी है कि उन्हें सजा तो जरूर मिलेगी। बस अब सलोनी मुझे जरूर माफ कर देगी।"

तीनों हाथ जोड़कर भगवान के सामने खड़े हो जाते हैं।

3
समर्पण

आरती - "अरे यार! तू तो आजकल बहुत छाई रहती है। हर जगह तेरी तारीफ सुनकर आ रही हूं।" आरती अपनी सबसे अच्छी सहेली सुप्रिया से गले लगते हुए बोली। सुप्रिया भी हंसते हुए उसके गले लग गई और पूछा -"अरे भाई, मैंने क्या किया?

आरती गहरी सांस छोड़ते हुए बोलती है -"हाय रे मेरी भोली सुप्रिया! जैसे तुझे कुछ पता ही नहीं?

सुप्रिया -"बातें ही बनाएगी या मुझे कुछ बताएगी भी। मैंने क्या कर दिया यार? कहीं कुछ गलत किया क्या?" वह घबराए स्वर में बोली।

आरती ने उसे हंसते हुए कहा - "तू इतनी भोली क्यों है? मुझे यूट्यूब का एक लिंक आया था, और जब मैंने उसे खोला तो देखा कि यह तो तू है। इसीलिए तो मिलने आई हूं तुझसे।"

(यहां यह जानना जरूरी है कि सुप्रिया के नाम की तारीफ यूट्यूब पर चल रही थी और उसे खुद इस बात की जानकारी नहीं थी)

आरती - "दो महीने तुझसे दूर क्या हुई, तूने तो बात करना ही छोड़ दिया।"

सुप्रिया - "नहीं यार, तू तो जानती है कि तेरे सिवा मेरा कोई और दोस्त नहीं है। मैं तुझसे बात करना क्यों बंद करूंगी। तू तो मेरी जान है।" (हंसते हुए उसे गले लगा

लेती है)

आरती -"फिर बात क्यों नहीं की? (ताना देते हुए आरती ने पूछा)

सुप्रिया -"किया था फोन तुझे। कई बार किया था और हर बार नॉट रिचेबल बता रहा था। शायद नेटवर्क प्रॉब्लम था।"

आरती -"हां यार, (गहरी सांस भरते हुए आरती ने कहा) " मौसम बहुत खराब हो गया था। आंधी, बारिश खूब हो रही थी और इसी वजह से नेटवर्क प्रॉब्लम भी बहुत हो रहा था। सब ने यही शिकायत की है मुझसे।"

आरती -"अच्छा यह सब छोड़, चाय वाय कुछ पिला।" सुप्रिया हंसते हुए -"हां, हां, चाय और उसके साथ पकोड़े भी। पहले थोड़ा बैठ कर आराम से सांस ले लो। तब तक मैं चाय और पकौड़े लाती हूं।"

आरती और सुप्रिया दोनों चाय और पकौड़े खाते हुए गपशप में लीन हो जाती हैं।

सुप्रिया - "बहुत दिन लगा दिए वापस आने में। वहां ज्यादा मन लग गया था क्या?"

आरती - "नहीं यार मजबूरी थी इसलिए रुकना पड़ा। लेकिन हां मजा बहुत आया। कोई काम नहीं करना पड़ता था। सारी सुविधाएं थीं। बस आठ 10 लोग एक साथ बैठे गप्पे हांका करते थे। पर मुझे यहां आने की बेचैनी ज्यादा थी। यहां से दूर ज्यादा दिन तक रहा नहीं जाता।"

सुप्रिया -"अच्छा जी "। (दोनों हंसने लगती हैं)

आरती - "अच्छा यह बता तुझे लिखने का शौक कब से लगा? तूने तो बताया नहीं कभी?"

(हंसते हुए) "क्या करती, तू जो यहां नहीं थी। खाली-खाली सा लग रहा था, तो सोचा कुछ लिख दूं।" सुप्रिया ने ताना मारते हुए कहा।

"तो तूने अपने दूसरे दोस्त को क्यों नहीं बुला लिया।" आरती ने भी इसे चिढ़ाते हुए कहा।

सुप्रिया - "कौन दोस्त यार, तेरे सिवा मेरा और कौन है, जो मुझसे दोस्ती करेगा। कोई खासियत हो तब ना कोई मुझसे दोस्ती करें।सब तेरे जैसे थोड़े ही हैं।"

आरती -"क्या मतलब मैं कोई बेवकूफ हूं।और यदि मैंने तेरे से दोस्ती करके बेवकूफी की है, तो मैं हूं बेवकूफ। नहीं, नहीं महा बेवकूफ। (दोनों खूब जोर से हंसती हैं) जो तुझसे सच्ची दोस्ती करेगा वही तुझे पहचान सकता है।"

"अच्छा अब मेरी तारीफ बंद कर और चाय पकौड़े खा। सब ठंडे हो जाएंगे ", सुप्रिया ने कहा। फिर दोनों बातें करने में लग जाती हैं।

कुछ देर बाद आरती ने कहा - "यार आज तो जल्दी में हूं। ज्यादा देर नहीं बैठ सकती। दो महीने से घर बंद है। इसलिए थोड़ा काम बढ़ गया है। मैं दो से तीन दिन बाद फिर तुझ से मिलती हूं।"

सुप्रिया - "मुझे पता है यार । तू आराम से सारा काम खत्म कर ले। और थोड़ा आराम भी कर ले, फिर हम बातें किया करेंगे। कौन सा मैं भागी जा रही हूं।"

दोनों हंसते हुए बाहर आती हैं। सुप्रिया आरती को विदा करके कुछ देर बाहर ही खड़ी रहती है। वह इधर-उधर देखती रहती है, जैसे कुछ खोज रही हो। फिर जैसे उसे होश आता है कि, 'मैं यहां बेकार में क्यों खड़ी हूं' और घर के अंदर आ जाती है।

इधर आरती घर आकर अपने घर को समेटने में लग जाती है। वापस आकर उसने सिर्फ थोड़ी सी ही साफ-सफाई की थी, और फिर अपनी प्रिय सहेली सुप्रिया से मिलने चली गई थी।

आरती और सुप्रिया दोनों इतनी अच्छी दोस्त बन गई थीं कि दोनों ही एक दूसरे के बिना नहीं रह सकती थीं। हालांकि दोनों की दोस्ती उनकी शादी के बाद ही हुई थी। दोनों का घर ज्यादा दूर भी नहीं था तो इतने पास भी नहीं था कि रोज मिल सकें। दोनों अपने - अपने जीवन में सुखी थीं। पर दोस्ती का एक अलग ही रंग होता है । वैसा ही कुछ इन दोनों का भी था।

आरती देखने में सुंदर थी। कुशल गृहिणी, मृदुभाषी थी। सभी से हंस के बात किया करती थी। सुप्रिया भी सुंदर थी। सभी हर चीजों में उसकी तारीफ भी करते थे। पर

कई जगह वह खुल कर बात नहीं कर पाती थी। कहीं पर संकोची हो जाती थी। वैसे वह भी सर्वगुण संपन्न थी, पर वह कई बार सही जगह पर सही बात नहीं बोल पाती थी। बाद में उसे जरूर यह एहसास होता कि - 'वहां पर उस समय यह बोलना चाहिए था, या ऐसा करना चाहिए था।'

आरती अपने मायके में सबसे बड़ी थी। उसे हर चीज अपनी मां से सीखने का मौका मिला था। सुप्रिया छोटी थी। उसे मायके में काम नहीं करना पड़ता था। वह हमेशा छोटी ही बनी रह गई। वैसे सुप्रिया भी अपने मायके से ही सारी चीजें सीख कर आई थी। पर वह थोड़ी सी भोंदू थी। इस मामले में कि सभी बातें सब को नहीं बताई जातीं। सभी से घुल मिल जाना अच्छी बात है, पर एक हद तक ही। वह अपनी सभी बातें जो किसी को नहीं बताई जातीं, वह भी कई जगह बोल बैठती थी। जिससे कई बार गड़बड़ स्थिति बन जाती थी।

सुप्रिया बहुत कुछ जानती थी। खाना बनाना हो या सिलाई-कढ़ाई, खेलकूद हो या पेंटिंग बहुत कुछ जानती थी। बस कुछ ज्यादा ही सीधी हो जाती थी। सभी उससे काम भी निकलवा लिया करते थे बोली बोल- बोल के, और उसी का मजाक भी बनाते थे। बड़ी होकर सुप्रिया यह जान गई थी कि सभी उसका फायदा उठाते हैं। फिर भी वह खुशी-खुशी सबका काम कर दिया करती थी।

सुप्रिया की इसी सीधेपन के कारण आरती की उससे दोस्ती हुई थी। आरती को उसका सीधापन कभी-कभी खराब भी लगता था। और वह उससे कहा करती थी कि - 'जब तू जानती है कि सभी सिर्फ फायदा ही उठाते हैं, तो तू उनका काम करती है क्यों है।'
इनकी दोस्ती को भी लगभग अब सत्रह से अट्ठारह साल बीत गए थे और दिन-ब-दिन दोनों की दोस्ती गहरी ही होती गई।
इतने सालों में सुप्रिया अब काफी गंभीर किस्म की हो गई थी। वह थोड़ा चुप-चुप सी ही रहती थी। आरती ने उसे यह सिखा दिया था कि कौन सी बात किस से कहें और कौन सी बात किस से ना कहें।
वैसे सुप्रिया ने आरती से भी कुछ खास बात छुपाई थी। इस कारण से नहीं कि वह उसके आगे शर्मसार हो जाती, बल्कि इस कारण से कि कहीं उसको बुरा न लग जाए। और उसे किसी तरह का गिल्ट ना होने लगे। वह आरती की दोस्ती को किसी हाल में खोना नहीं चाहती थी।

हालांकि आरती को सुप्रिया की जिंदगी में घटी सभी घटनाओं के बारे में पता था। लेकिन एक घटना ऐसी थी जो कि आरती के घर से ही रिलेटेड था, जिसे सुप्रिया ने उसे नहीं बताया था। पर अब वह सोच रही थी कि आरती को उस घटना के बारे में पता होना चाहिए।

सुप्रिया सोच रही थी कि -'मुझे क्या करना चाहिए। बहुत ही असमंजस की स्थिति है। पर मैं उसे ना बता कर उसके विश्वास को धोखा तो नहीं दे रही हूं? हां वह मेरी सच्ची सहेली है,पर मैं नहीं चाहती कि कभी उसके मन में मेरे लिए या उस व्यक्ति के लिए खटास आए।' हां और ना की स्थिति के बीच सुप्रिया कई दिनों तक उलझी रही। एक दिन आरती अचानक ही अपने पति को ऑफिस भेजकर सुप्रिया के पास पहुंच जाती है।

सुप्रिया और आरती दोनों ही गले मिलती हैं, और झूले पर बैठकर गप्पे हांकने लगती हैं। आरती को महसूस होता है कि सुप्रिया कुछ खोई - खोई सी है।

आरती - "क्या हुआ सुप्रिया! तू कहां खोई है?"

सुप्रिया - "मैं कहीं खोई नहीं हूं यार। यही तो हूं।" (हंसने का उपक्रम करते हुए)

आरती - "नहीं,कुछ तो बात है जरूर। क्या मुझे बताना नहीं चाहती? मुझे पराया कर दिया ना? जा मैं भी बात नहीं करूंगी।" (आरती रूठते हुए बोली)

सुप्रिया - "नहीं यार, तुझे भला कैसे पराया कर सकती हूं। मैं शरीर हूं तू धड़कन है। मैं तुझे अलग कैसे कर सकती हूं। भला कोई बिना सांस लिए रह सकता है क्या?"

आरती - "तो तुझे मेरी कसम है। तू मुझे बता क्या बात है।"
     सुप्रिया - "हां बात तो है, और मैं बड़ी उलझन में भी हूं। उलझन यह है कि मैं कई दिनों से तुझे कुछ बताना चाह रही हूं। पर डर बस इतना है कि यह तेरे घर से रिलेटेड है। इसलिए तुझे बताऊं या नहीं? वैसे तेरे लाइफ में कुछ खास फर्क नहीं पड़ने वाला है। फिर भी है तो तेरे ही घर से रिलेटेड।"

आरती -"सुप्रिया अब डरा मत। हमारी दोस्ती भी वैसी ही रहेगी और मेरा घर भी

वैसा ही चलेगा।और मुझे बता जरूर क्या बात है? क्या मेरे पति ने कहीं तुझे छेड़ा तो नहीं?" हा,हा,हा दोनों हंसने लगती हैं।

"नहीं यार, तू भी क्या बोल रही है।" सुप्रिया ने मुस्कुराते हुए कहा - "वह तो कितने भले इंसान हैं।"

आरती - "हां वह तो हैं।" (चुहलबाजी करते हुए) "अच्छा उनकी तारीफ के पीछे बात को छुपा मत। बोल भी दे। जब तूने सर्टिफिकेट दे ही दिया है इनको भले होने का। तब अब तो मैं और निश्चिंत हो गई ना । अब तुम मुझे खुलकर बता यह किसके बारे में है। अब मैं सब झेल लूंगी।" (हा हा हा हंसते हुए)

सुप्रिया -"बात उस समय की है, जब तुम अपने भाई की शादी में गांव गई थी। और मैं उस शख्स के लिए खाना बना कर भेजा करती थी। जो उस समय तेरे घर में रहा करता था।"

आरती -"हां, हां समझ गई। तू किसके बारे में बात कर रही है। पर वह तो बच्चा .... खैर बता आगे क्या हुआ?

सुप्रिया - "एक दिन दोपहर के समय मैं खुद उसके लिए खाना लेकर गई थी। वह बैठा टीवी पर गाने देख रहा था। मैंने उसके लिए खाना लगाया, वह खाने लगा । वह खाना खाते-खाते चुपके से मुझे देख रहा था। गाने में विदेशी लोग अजीब-अजीब हरकतें कर रहे थे। मैंने मुंह घुमा लिया और बात को टालने की कोशिश में उससे बातें करने लगी। खाना खाने के बाद वह हाथ धो कर बैठ गया। मैंने सारा बर्तन उठाकर किचन में रखा और हाथ धो कर वापस आ गई ।वह बहुत सी बातें इधर -उधर की करने लगा। मैं भी उससे बातें करने लगी। अचानक वह मेरे पास आया और मुझे कसकर बांहों में भर लिया। मैं हतप्रभ सी हो गई। समझ ही नहीं आ रहा था कि मुझे क्या करना चाहिए। वो मेरे सीने के ऊपर किस करने लगा। अनगिनत किस करने के बाद वह और आगे बढ़ने लगा। फिर जैसे मुझे होश आया मैंने उसे रोका। उसने मुझे बांहों में लिया और मिन्नतें करने लगा और बार-बार यही कहता कि मैंने .... । (सारी बातें मैं नहीं बता पाउंगी।)

मैंने उसे जोर से धकेला। वह अलग हो गया। मैंने कहा- "तुम पागल हो गए हो? तुम अभी बच्चे हो अपनी पढ़ाई में मन लगाओ।"

उसने कहा - "नहीं मैं पिछले महीने ही बालिग हो गया हूं। अब मैं बच्चा नहीं रहा। मैं भी सब कुछ जानता हूं।"

फिर मैंने उसे समझाया -"अभी तुम्हारी उम्र पढ़ने की है। इन सब बातों पर अभी ध्यान नहीं देना है तुम्हें। मैं तुमसे कितनी बड़ी हूं। तुम्हारी रिश्तेदार हूं। इस तरह अच्छे घर के बच्चे नहीं करते।" मैंने उसे बहुत सी बातें समझाई। पर मुझे घर जाने में डर लग रहा था। ब्लाउज के बटन टूटे हुए और सीने पर दांत के काटने से हुआ घाव यह सब मैं कैसे छुपाते हुए घर जाऊं। मैं कपड़े ठीक करते हुए किसी तरह घर पहुंची।"

"बड़ी मुश्किल से इन्हें अपने पास आने से टालती रही। जब तक कि घाव ठीक नहीं हुआ।"

आरती -"और इतनी बड़ी बात तुमने मुझसे छुपाई?"

सुप्रिया - "(गहरी सांस छोड़ते हुए) हां छुपाई तो। अब इसके लिए तू मुझे चाहे जो सजा दे दे।थोड़ा डर रही थी और शायद मेरे समझाने से वह समझ भी गया। और फिर कभी ऐसा दोबारा मेरे साथ नहीं किया। कुछ भी करना होता तो उसे बहुत सारे मौके मिले थे।"

आरती -"यह तो सच है कि वह बहुत पढ़ाई करने लगा था। और अदब के साथ पेश आ रहा था। खैर यदि तुम मुझे पहले ही बता देती, तो शायद तुझे यूं परेशान ना होना पड़ता इतने सालों तक।"

सुप्रिया - "तेरे घर की बात थी। और तू भी परेशान हो जाती उस समय।"

आरती - "हां शायद उस समय बताती तो मुझे बड़ा धक्का लगता। क्योंकि वह मेरे यहां रहकर पढ़ाई कर रहा था। मेरी ही बदनामी होती अगर वह गलत रास्ते पर चला जाता तो।"

सुप्रिया - "थैंक यू यार। आज मेरे मन का बोझ हल्का हुआ। वरना मैं तो इस बात से परेशान हो रही थी, तुझे यह सब ना बता कर मैं तेरे साथ धोखा कर रही हूं। फिर

थोड़ा खुदगर्ज भी कि, कहीं मैं तेरे जैसी दोस्त खो ना दूं।"

आरती - "नहीं यार, मैं भी सीचुवेशन समझती हूं। इतनी नादान भी नहीं हूं कि सही गलत ना समझ सकूं। और वह भी तेरे मामले में। मुझे पता है तू कैसी है। तू मेरी भोंदू फ्रेंड है। (दोनों हंसने लगती हैं।)"

सुप्रिया- "तुझे भूख लग रही होगी। बता क्या खाएगी? आरती- "हां भूख तो बहुत लगी है। क्या बनाया है आज लंच में।"
"फिलहाल तो रोटी सब्जी बनी है। बता तू क्या खाना चाहती है?"- सुप्रिया ने पूछा

आरती - " किस चीज की सब्जी है?

सुप्रिया - " बेसन आलू की ग्रेवी और भिंडी की सूखी सब्जी।"

आरती - " वैसे तो तेरे हाथ का खाना मुझे बेहद पसंद है । और बेसन आलू की ग्रेवी तो बेस्ट है तेरी ।"

दोनों साथ में बैठकर खाना खाने लगती हैं ।

" वाह यार ,आज तो भिंडी भी काफी टेस्टी लग रही है । बेसन आलू की तो हमेशा ही टेस्टी होती है तेरी । यार मुझे भी बता ना कैसे बनाया है । मैं भी बनाऊंगी ।"

सुप्रिया - " ठीक है बता दूंगी । अभी यह तो खा ना ।"

दोनों बात करते-करते खाने लगती हैं। वह बातों में इतनी मशरूफ हो जाती हैं, कि उन्हें ना टाइम का पता चलता है और ना अपने जूठे हाथ धोने का।

दरवाजे की घंटी बजी तो उन दोनों का ध्यान गया। 'कौन है इस समय।' यह सोचते हुए सुप्रिया हाथ धोने लगी। और आकर दरवाजा खोला।" अरे आज तुम इतनी जल्दी आ गई" - सुप्रिया ने कामवाली बाई को देखते ही पूछा। काम वाली - "भाभी जल्दी कहां आई हूं। मैं तो टाइम से ही आई हूं। घड़ी तो देख लो आप।"

सुप्रिया ने घड़ी देखा शाम के 4:00 बजे गए थे। आरती भी उठकर हाथ धोने लगती

है। आरती हाथ धोते हुए हंसती जाती है। कामवाली उसे घूरते हुए किचन में घुस जाती है।

सुप्रिया - "क्या हुआ? तू हंस क्यों रही है? "

आरती - "हम लोग बातों में इतने खोए हुए थे कि टाइम का पता ही नहीं चला। और हाथ में लगा खाना सुख भी गया। अब ठीक से छूट भी नहीं रहा। (दोनों को इस बात पर बहुत जोर की हंसी आती है।) सुप्रिया काम वाली को सारा काम बताया और डाइनिंग टेबल से भी बर्तन उठाकर ले जाने को कहा। काम वाली अपनी ही धुन में सारा काम करते जाती है। आरती भी निकलने को तैयार हो जाती है। पर सुप्रिया उसे चाय पीने के बाद जाने को कहती है। आरती- "अब नहीं रूकूंगी 7:00 बजे इनके ऑफिस से आने का टाइम है, और मुझे जाकर इनके लिए नाश्ता भी बनाना है।"

सुप्रिया - "ठीक है यार, फिर भी 15 मिनट में कुछ नहीं होगा। चाय पी कर जाना।

आरती - "ठीक है "

सुप्रिया कामवाली बाई को तीन कप चाय के लिए बोलती है। वह तीनों कप चाय लाकर सुप्रिया को देती है।

सुप्रिया -"अरे पगली, यह एक कप चाय तेरे लिए ही है, तू भी पी ले।"

बाई अपना चाय लेकर वापस किचन में चली जाती है। चाय पीकर आरती वापस अपने घर चली जाती है।

सुप्रिया अपने सभी कामों को निपटा कर, कपड़े तह करके रखने लगती है। प्रेस वाले कपड़े अलग रखकर बाकी कपड़े अलमारी में रख देती है। शाम को सुप्रिया का पति रोहन आता है। और सुप्रिया को चाय बनाने को बोलता है।

सुप्रिया - "आप तब तक फ्रेश होकर आइए, मैं चाय बना कर लाती हूं। " सुप्रिया चाय लेकर आई तब तक रोहन फ्रेश होकर बरामदे में आ गया। दोनों बरामदे में कुर्सी लगाकर बैठ गए। हल्की - हल्की बारिश होने लगी थी। रोहन ने कहा -"मैंने

अभी कुछ देर पहले ही ऑफिस में लोगों को बोला था कि आज जमकर बारिश होने वाली है। सुप्रिया -' हूं ' कहती हुई बारिश की बूंदों में मगन हो गई। सुप्रिया को बारिश बहुत अच्छी लगती थी। वह बारिश में भींगना चाहती थी ,पर पति रोहन के कारण भीगने नहीं गई। रोहन को इस तरह भींगना पसंद नहीं था। उसे लगता था कोई देखेगा तो क्या कहेगा। कैसे बच्चों जैसे कर रहे हैं। और फिर जब कपड़े भीग जाएंगे तो सबकी नजर उसके शरीर पर होगी।

तेज बारिश के शुरू होते ही सुप्रिया एक्साइटेड हो जाया करती थी। वह सच में बच्ची बन जाती थी। बारिश में भींगना, नाचना और उछल कूद सब करना उसे पसंद था। कई बार वह रोहन से छुपके बारिश में भीगती थी। हां यदि रोहन का भी मन हो तब दोनों साथ में निकल जाते थे बारिश में, किसी अच्छे से पार्क में घूमने। खूब मजे भी करते थे, और घर आकर जुकाम से पीड़ित भी हो जाते थे।

" क्या हुआ सुप्रिया "- रोहन ने टोका तो सुप्रिया खयालों से बाहर आई।

रोहन -"क्या हुआ? अच्छा हां तुम्हें तो बारिश बहुत पसंद है ना।" हंसते हुए रोहन एफ. एम. चला देता है।

"मेरा मन तेरा प्यासा मेरा मन तेरा
मेरा मन तेरा प्यासा मेरा मन तेरा
पूरी कब होsssगी आsssशा
मेरा मन तेरा ....

एफ. एम. में यह गाना सुनकर सुप्रिया ने सोचा -'अरे कोई और गाना चलाना चाहिए था अभी इस बारिश के मौसम में।'

तभी एफ एम में अनाउंसमेंट हुआ कि -'अभी तेज बारिश हो रही है, तो ऐसे में एक बेहतरीन रोमांटिक गाना होना चाहिए दोस्तों। तो अब सुनिए राजेश खन्ना और जीनत अमान अभिनीत यह गाना फिल्म है 'अजनबी' ।'

गाना बजने लगा। _

भीगी भीगी रातों में

ऐसी बरसातों में
कैसा लगता है बोलो
ऐसा लगता है कि बनके सावन
मेरे बदन को भिगो के मुझे
छेड़ रहे हो छेड़ रहे हो

सुप्रिया भी गुनगुनाने लगी। बस एक बारिश और फिर उसका मनपसंद गाना। इतनी सी मुराद पूरी होने पर वह चहकने लगती थी। वैसे सुप्रिया का मूड ज्यादा देर तक खराब रह ही नहीं सकता था। हां कभी-कभी ऐसा होता था कि, वह चुप रहना पसंद करने लगी थी। गाना सुनना उसे पसंद था तो गाने सुनती रहती थी। पर किसी से बात नहीं करती थी।

वह किसी से नाराज भी होती तो, पूरे दिन खुद ही परेशान हो जाती। और फिर उसी के बारे में सोचती रहती। कुछ देर बाद यदि वह शख्स पास आ जाए या कुछ बात करने लग जाए तो वह नाराजगी भूल जाती थी। उस समय यह बिल्कुल नहीं लगता था कि सुप्रिया उसी शख्स से कुछ देर पहले नाराज थी। हालांकि यह बहुत बड़ी खूबी होती है कि किसी से नाराज हो जाओ पर वक्त आने पर उसके काम आ जाओ। यही सुप्रिया का स्वभाव भी था।

खैर, हम बात कर रहे थे कि सुप्रिया को बारिश बहुत पसंद थी। और ऊपर से उसका मनपसंद गाना चल रहा था। सुप्रिया पूरे मनोयोग से रात के सारे काम निपटाने लगी। खाना बना कर रख लिया और दूसरे दिन की सुबह के लिए कुछ काम पहले से कर लिया।

सारा काम खत्म करके सुप्रिया फोन उठाती है। कई मैसेज आए हुए थे। सबको पढ़ा और उचित रिप्लाई भी कर दिया। कुछ देर बाद रोहन को खाना खिला कर सुप्रिया ने सारा काम समेटा और खुद भी खाना खाया। फिर सारे बर्तन को सिंक में डालकर आ गई। नाइटी लिया और कपड़े बदलने बाथरूम चली गई। इधर रोहन खाना खा कर कुछ काम करने लगा था। फिर जब सुप्रिया आई तो दोनों रोजमर्रा की बातों में लग गए। बातें करते-करते रोहन को नींद आने लगी तो वह सो गया। लेकिन सुप्रिया जाग रही थी। उसके दिमाग में आज न्यूज़ में सुनी वह बातें याद आने लगीं - "किस तरह कुछ दरिंदों ने उस बच्ची के साथ हैवानियत की थी, और उसे मरने

को छोड़ दिया था।"

सुप्रिया ने सोचा - "रिश्तेदार ही यदि भक्षक हों तो यह उस घर का सर्वनाश होना ही होता है। इससे ज्यादा शर्मनाक क्या हो सकता है जिस घर में मामा या चाचा , भाई या और कोई रिश्तेदार। एक छोटी सी बच्ची का रेप करें या उसे किसी तरह से एक्सप्लाइट करें।"

समाज की स्थिति आजकल कुछ ऐसी ही हो गई है। ऐसी स्थितियों में हमेशा लड़कियों को ही दोष दिया जाता है। वह वहां गई ही क्यों? ऐसे लोगों से दूर क्यों नहीं हो गई? वगैरह -वगैरह। उस वक्त वह यह भूल जाते हैं कि वह अभी बच्ची है। उसे सही या गलत का पता ही नहीं होता। बुद्धि अपरिपक्व होती है। इतनी समझ ही कहां होती है उसे। और फिर अजनबी से बात ना करो या उसके साथ नहीं जाना चाहिए, इतना तो फिर भी समझा दिया जाता है। पर ऐसे रिश्तेदारों से कैसे बचें यह तो उन नादान लड़कियों को पता भी नहीं होता है।

यदि हम अपने बच्चों को सभी बातें सिखा भी दें। तो कई बार परिस्थितियां ऐसी होती हैं कि बच्चे कुछ नहीं कर पाते। कई बार ऐसा होता है या कहें अक्सर ही ऐसा होता है कि ताकतवर के आगे कमजोर व्यक्ति कुछ नहीं कर पाता। किसी वयस्क लड़की जो सही और गलत सब जानती है, वह भी जब चार बलिष्ठ पुरुष उठा ले जाते हैं, तो स्वाभाविक है कि चार के आगे वो एक लड़की कुछ भी नहीं कर सकती।

आजकल के लोगों की मानसिकता ना जाने कैसी हो गई है। सभी अपने घर की बहू-बेटियों की इज्जत को तो महफूज रखना चाहते हैं। पर वही दूसरे घर की बहू-बेटियों पर उनकी खुद की नजर होती है। लड़कियों को दोष देना बहुत आसान होता है।

हमें यह समझना होगा कि जिसे हम बचपन से देख रहे हैं, वह एक दिन में कैसे बदल सकता है । आस-पड़ोस के लोग और रिश्तेदार, जानने वाले यह तो लगभग उसके स्वभाव से वाकिफ होते हैं उन्हें तो पीड़ित के साथ अच्छा व्यवहार करना चाहिए। उसके साथ सम्मान के साथ पेश आना चाहिए।

मैं सिर्फ यह नहीं कहना चाहती कि, लड़कियां कभी गलत नहीं होती। या सिर्फ

लड़के ही खराब होते हैं। नहीं ऐसा बिल्कुल नहीं है। बहुत से लड़के हैं , जिन पर आंख मूंद कर विश्वास भी किया जा सकता है। और बहुत सी लड़कियां ऐसी होती हैं जो नाजायज फायदा उठाना बखूबी जानती हैं। तो अच्छाई और बुराई हर जगह है। इसीलिए हमें किसी निष्कर्ष पर पहुंचने से पहले मामले को गहराई से जानना चाहिए। कभी सुनी सुनाई बातों पर विश्वास नहीं करना चाहिए।

हां हर शख्स अपनी समझ के हिसाब से ही सोच सकता है। पर कम से कम किसी चीज में किसी निष्कर्ष पर पहुंचने से पहले हर पहलुओं को एक बार अपनी नजर से देखने की कोशिश तो कर ही सकते हैं।

सुप्रिया इन ख्यालों में खोई रही और सुबह के 6:00 बज गए। अब उसका सिर भारी होने लगा। सिर में तेज दर्द होने लगा। उसने सोचा उठकर चाय या कॉफी कुछ बना लूं , पर फिर वह रुक गई। उसके उठने से कहीं रोहन की नींद खराब ना हो इसलिए वह चुपचाप लेटी रही उसने सोचा रोहन के ऑफिस जाने के बाद कुछ देर सो जाऊंगी।

रात में ना सो पाने के कारण सुप्रिया ठीक से काम नहीं कर पा रही थी। पर किसी तरह उसने रोहन के लिए टिफिन और नाश्ता तैयार किया। फिर दोनों के लिए चाय बनाई। तभी काम वाली बाई भी आ गई। सुप्रिया ने उसे जल्दी काम खत्म कर लेने को कहा, और शाम को थोड़ा लेट आने को बोल दिया। रोहन तैयार होकर ऑफिस के लिए निकल गया। तब तक काम वाली बाई का भी काम खत्म हो गया।

बाई ने कहा - "भाभी जी मुझे 500 रु दे सकते हो तो दे दो । मुझे डॉक्टर के पास जाना है।"

सुप्रिया ने पूछा - "क्या हुआ? सब ठीक तो है ना?

बाई - "नहीं भाभी, मेरे बेटे की तबीयत खराब है। उसे ही डॉक्टर के पास ले जाना है। अभी 200 रु फीस हो जाते हैं, और फिर दवाई लूंगी। इसलिए 500 रु मांगा है। और हां भाभी शाम को देर से आऊंगी।"

सुप्रिया ने उसे 500 रु दे दिए और मुस्कुरा उठी। उसने सोचा 'अभी मैंने भी तो इसे शाम को देर से आने के लिए कहा था। पर लगता है इसका ध्यान मेरी बातों पर

नहीं गया। उसको बिदा कर के सुप्रिया आकर सो गई।

लगभग दो से ढाई घंटे बाद उसकी नींद खुली, तो देखा 12:00 बज गए हैं, और फोन बज रहा है। उसने फोन उठाकर देखा तो आरती का कॉल था।

सुप्रिया - "हेलो"

आरती - "हाय मेरी जान, कैसी हो?

सुप्रिया - "ठीक हूं। बस रात भर सो नहीं पाई, इसलिए अभी सो रही थी।

आरती - "क्या हुआ? क्यों नहीं सो पाई? रोहन जी ने सोने नहीं दिया क्या?"

सुप्रिया - "क्या यार तू भी, ऐसा कुछ नहीं है। दरअसल कल न्यूज़ देख कर पता नहीं क्या से क्या सोचने लगी थी। और सोचते-सोचते सुबह हो गई। सिर में बहुत दर्द होने लगा है।"

आरती -"क्या मैं आ जाऊं? मैंने आने के लिए फोन किया था।"

सुप्रिया -"अरे नेकी और पूछ-पूछ । इसमें पूछने की क्या बात है जरूर आ।"

आरती - "ठीक है, मैं आती हूं।"

कुछ देर बाद आरती सुप्रिया के घर आती है। तब तक सुप्रिया भी नहा धोकर तैयार हो जाती है और सिर दर्द की गोली खा लेती है। आरती के आते ही सुप्रिया ने चाय के लिए पूछा तो उसने मना कर दिया। सुप्रिया ने कहा - "मैं अपने लिए बनाऊंगी ही " तो आरती ने कहा -"तू बैठ, मैं ही हम दोनों के लिए कॉफी बना कर लाती हूं।" सुप्रिया ने "हूं " कहा और बैठ गई। आरती कॉफी बना कर ले आई। कॉफी पीने के बाद दोनों बातें करने लगी।

आरती ने कहा -"तू नीचे बैठ। मैं तेरे सिर में तेल डाल कर मालिश कर देती हूं, तो तुझे बहुत आराम मिलेगा।"

सुप्रिया तेल आरती को पकड़ा कर खुद नीचे बैठ जाती है, और आरती पूरे बालों में तेल लगाकर अच्छे से मालिश करती है। कुछ दवाई का असर और कुछ आरती की मालिश ने सुप्रिया को फ्रेश कर दिया।

सुप्रिया - "यार तू ना होती तो मैं पता नहीं क्या और कैसे करती।"

आरती - "जिंदगी सब सिखा देती है। समय आने की देर है बस। अच्छा यह बता अब कैसा लग रहा है?"

सुप्रिया - "बहुत अच्छा लग रहा है।" (मुस्कुराती है) बस इतना कहूंगी

"मालूम है मुझे तुम्हारे दीवाने बहुत हैं। पर कोई भी मुझसे बराबरी कर नहीं कर सकता।"

(हा हा हा दोनों हंसते हैं)

"अच्छा सुप्रिया मुझे कुछ काम है तुझसे, करेगी?"-आरती ने पूछा

सुप्रिया - "अरे तू पूछ कर मुझे छोटा कर रही है। बेधड़क बता। मैं सब करूंगी"

आरती   "सोच ले मेरी जान, यह कोई साधारण काम नहीं है। बिना जाने वादा मत कर बैठना।"

सुप्रिया - "देख गला काटने को मत कहना बस। क्योंकि वह मैं खुद नहीं कर सकती। बाकी जो बोलेगी वह करूंगी।"

आरती - "यार मुझे किसी से प्यार हो गया है।"

सुप्रिया - "क्या? (आश्चर्य से उसकी तरफ देख कर मुस्कुराती है)

आरती - "हां यार, बस कुछ ऐसा हुआ कि हो गया प्यार।"

सुप्रिया - "कौन है वह? क्या मैं जानती हूं उसे?"

आरती -"शायद ना भी जानती हो। वैसे मेरे यहां कभी आया होगा तो देखा भी होगा उन्हें।"

सुप्रिया - "फोटो है? दिखाना। पर हुआ कैसे यार? मतलब अब, आधी उम्र बीतने के बाद।"

आरती - "क्या मतलब यह कोई बता कर थोड़ी होता है। और मैंने जानबूझकर थोड़ी किया है।"

सुप्रिया - "और भैया से जो तुझे इतना प्यार है वह ?"

आरती - "हां उनसे तो बहुत प्यार है ।मेरी जिंदगी में वह पहले ऐसे शख्स हैं, जिन्होंने मेरे तन मन पर राज किया है। और सच में वह ऐसे ही हैं। जिनसे किसी को भी प्यार हो सकता है। मेरी हर चीज का ख्याल रखना, मेरी परेशानी दूर करना। सब चीज तो करते हैं मेरे लिए। और मैं उन्हें कभी छोड़ूंगी थोड़े ही। पति के रूप में हर जन्म में मुझे तो इनको ही मांगना है भगवान से।"

सुप्रिया - "तो फिर ऐसे कैसे कोई और लाइफ में आ गया यार?"

आरती - "पता नहीं यार, पर सच तो यह है कि मैं अपनी फीलिंग कंट्रोल नहीं कर पा रही हूं। मुझसे नहीं हो रहा।"

सुप्रिया - "यह कौन चोर है जो बिना बताए घुस गया तेरे दिल में। उन्हें जगह कैसे मिल गई। वहां तो सिर्फ भैया हैं या फिर मैं। क्यों मैं हूं ना तेरे दिल में? (हा हा हा हा) मेरा मतलब थी ना? मेरी जगह तो उस कमबख्त ने ले ली शायद।"

सुप्रिया आरती को छेड़ भी रही थी और झूठ-मूठ का गुस्सा भी दिखा रही थी। सुप्रिया ने देखा आरती कहीं खोई सी है। उसने उसके कंधे पर हाथ रखा और झकझोरा। आरती चौंक कर सुप्रिया को देखती है और फिर मुस्कुरा देती है। सुप्रिया - "मुझे उसके बारे में पूरी बात बता। मतलब क्या हुआ? कैसे हुआ? क्यों हुआ? सब कुछ बता। सब कुछ मतलब सब कुछ। कुछ भी छुपाना नहीं।"

आरती - "नहीं यार, तुझसे कुछ भी छुपाना कैसा। पर कभी-कभी लगता है। क्या मैंने तेरे भैया को धोखा तो नहीं दिया ना। पर मैं उनके लिए कभी कुछ गलत नहीं सोच सकती। हां किसी ने दिल में जगह तो बना ली है, पर मैं तेरे भैया के लिए ही जीती हूं, और उनके लिए ही मरूंगी। उनकी जगह कोई और नहीं ले सकता। पता नहीं इस नई फीलिंग को क्या नाम दिया जा सकता है। सिर्फ दोस्ती या कुछ और....."

सुप्रिया - "हां, शायद प्यार ना हो सिर्फ अट्रैक्शन हो। या हो सकता है कोई जादू किया है। (हा हा हा हा)

आरती -"हां जादू तो जरूर किया है। क्योंकि इनके होते हुए मैं किसी और की तरफ खींची जा रही हूं।"

सुप्रिया -"यार अपनी उड़ान को थोड़ा ब्रेक दे दे। मुझे बड़ी तेज की भूख लग रही है। तेरी बातों से तो मेरा सिर दर्द गायब हो गया।"

आरती - "अच्छा है ना, मेरी बातों में इतना असर था कि तेरा सिर दर्द दूर हो गया। और हां मैडम, मुझे भी बहुत तेज की भूख लगी है।"

दोनों खिलखिला कर हंस पड़ी और खाना खाने के लिए आ गई। सुप्रिया ने आलू के परांठे बनाए थे, दोनों ने खाया और सुप्रिया दो कप कॉफी लेकर आ गई। दोनों मजे से कॉफी पीने लगीं। आरती के फोन पर बार-बार मैसेज का नोटिफिकेशन आ रहा था।

आरती ने फोन की तरफ देखा और मुस्कुरा उठी। उसको मुस्कुराते देख सुप्रिया समझ गई कि हो ना हो यह उसी शख्स का मैसेज है। वह भी मुस्कुरा उठी। दोनों कॉफी खत्म कर बेडरूम में आ गई।

आरती ने सुप्रिया को बताया कि -"उसी का मैसेज है। इसने बातें कर-कर के ही मुझे इंप्रेस कर लिया है यार। इतनी अच्छी-अच्छी बातें करता है।"

सुप्रिया - "पर तुमने अभी तक कुछ नहीं बताया मुझे। आरती - "बताऊंगी यार सब बताऊंगी। कहां से शुरू करूं समझ नहीं आ रहा।"

सुप्रिया - "अच्छा चल, जो मैं पूछती हूं उसका जवाब देती जा बस।"

आरती - "पूछ"

सुप्रिया - "सबसे पहले तू यह क्लियर कर कि तू उससे मिली है। मेरा मतलब इजहारे मोहब्बत के बाद।"

आरती - "नहीं। उसी के लिए तेरे पास आई हूं।"

सुप्रिया - "क्या मतलब तेरा? मतलब यह है कि मैं उससे मिलने में तेरी मदद करूं?"

आरती - "हां मेरा यही मतलब है। पर तू यह भी जान ले कि ना उसे मेरे मन की फीलिंग पता है, और ना मुझे उसके मन की बात पता है।"

सुप्रिया - "ठीक है वह तो हो जाएगा। पर मुझे ऐश्योर कर कि तू कुछ गलत नहीं करेगी।" (सुप्रिया आरती को छेड़ती है)

आरती - "यार, मेरे बारे में इतना गलत मत सोच। मैं बस उससे मिलना चाहती हूं एक बार।"

सुप्रिया -"मैं अपने घर पर ही उसको बुला लूंगी। और हां मुझे पता है तू भैया से कितना प्यार करती है। मुझे पूरा विश्वास है तुझ पर कि तू कभी कुछ गलत नहीं करेगी। हां पर तेरी टांग खिंचाई भी तो करनी है मुझे।"

आरती - "धन्यवाद मैडम । (आरती अदब से झुकती है) मुझ पर विश्वास बनाए रखने के लिए। हां पर हम दोनों हमेशा एक अच्छे दोस्त बनकर रहना चाहते हैं।"

आरती - "वह भी शादीशुदा हैं, और अपने परिवार को छोड़ नहीं सकते।"

सुप्रिया - "अच्छी बात है। अपनी बसे बसाये घर को कभी तोड़ना नहीं चाहिए।"

आरती -"हां, इसीलिए हम सिर्फ एक अच्छे दोस्त बनकर रहना चाहते हैं। ना मैं अपने पति को तकलीफ में देख सकती हूं, और ना ही उसके बीवी बच्चों को तकलीफ में देख सकती हूं। यही कारण है कि मैं सिर्फ अच्छी दोस्त बनकर ही रहना चाहती हूं।

सुप्रिया - "बहुत ही अच्छा सोचा है तुमने। मैं तुम्हारे प्रेम और समर्पण दोनों का सम्मान करती हूं। इससे यही होगा कि ना किसी का घर टूटेगा और ना किसी को तकलीफ होगी। और तुम दोनों की दोस्ती भी बनी रहेगी।"

तभी रोहन का फोन आता है। रोहन- "कुछ मंगाना है तो बता दो। मैं लेता आऊंगा।"

सुप्रिया का ध्यान घड़ी पर जाता है। 'अरे इतना टाइम हो गया'वह सोचती है। फिर सुप्रिया ने रोहन से कहा- "केले और सेब ले आइएगा।" फोन रख कर सुप्रिया ने कहा- "यार इतना टाइम हो गया और हमें पता भी नहीं चला।" आरती - "कितने बज गए?"

सुप्रिया - "6:00 बज गए।"

आरती - "अरे बाप रे, मैं भागती हूं। इनके भी आने का टाइम हो जाएगा। आज कुछ बनाकर भी नहीं रखा है।" यह कहते कहते ही आरती ने फोन और पर्स उठाया और चली गई।

सुप्रिया - "अरे संभल कर जाना" तब तक आरती जा चुकी होती है। सुप्रिया मुस्कुराकर रह जाती है।

जब शाम को रोहन ऑफिस से वापस घर आया, तो उसने एक गुलाब का फूल सुप्रिया को भेंट किया। सुप्रिया गुलाब लेकर बहुत खुश हुई और तुरंत रोहन को बाहों में भर लिया। रोहन भी कहां चूकने वाला था, उसने भी उसे अपनी बाहों में समेट लिया।

शाम को दोनों हमेशा बरामदे में बैठकर चाय साथ पिया करते थे । उस दिन जब

चाय पी रहे थे तो सुप्रिया ने रोहन को बताया कि उसका सारा सामान तैयार है। बस उसे ट्रॉली बैग में अरेंज करके रख लेना है।

रोहन ने उसका हाथ चूमते हुए कहा - "यार बीवी हो तो ऐसी हो ।" और मुस्कुरा उठा।

सुप्रिया - "हां , बस मेरी तारीफ करते रहिए। ऐसा ना हो कि मैं फूल कर कुप्पा हो जाऊं। और आसमान में उड़ने लगूं।" फिर दोनों हंसने लगते हैं

रोहन गुनगुनाने लगता है --
"आपके हंसीन रुख पर आज नया नूर है

मेरा दिल मचल गया तो मेरा क्या कसूर है"

सुप्रिया गाना सुनकर मुस्कुराने लगती है, और एटीट्यूड दिखाती है। आंखें नचाती है और एक अदा के साथ बैठ जाती है। रोहन उसे देख कर हंस पड़ता है। काफी समय इसी तरह साथ में मस्ती करते हुए दोनों बिताते हैं।

रोहन पूछता है - "क्या यार 'आज खाना-वाना बनाने का मूड नहीं है क्या?"

सुप्रिया - "नहीं आज खाना नहीं मिलेगा।"

रोहन - "क्यों भाई, मैंने क्या कर दिया? कसूर भी तो बताओ। किस चीज की पनिशमेंट दी जा रही है?"

सुप्रिया - "आप मुझे अकेले छोड़कर जा रहे हैं उसकी।" सुप्रिया ने झूठ-मूठ का रूठते हुए कहा।

रोहन -"मतवाली नजर से आपकी हुआ यह हाल मेरा कि बरसों बाद पी है जालिम शराब मैंने।"

सुप्रिया - "वाह- वाह,क्या बात है, क्या बात है। गजब की शायरी बोली आपने।" सुप्रिया खुशी से ताली बजाती है।

रोहन - "अरे यह तो मैंने ऐसे ही बोल दिया। आज ही यह शायरी पढ़ी थी मैंने।

सुप्रिया - "जो भी हो, पर अच्छा था। वैसे मुझे पता है यह किसने लिखी है।"

रोहन - "अच्छा, अब चलो सामान पैक कर लूं।"

सुप्रिया -"जी अच्छा, चलिए हुजूरे आला " सुप्रिया अदा से झुकती है।

रोहन अपनी सारी पैकिंग कर लेता है। सुप्रिया खाना गर्म करने लगती है। कुछ देर में रोहन वहीं आ जाता है, और सुप्रिया से पूछता है कि - "तुम्हें कोई परेशानी तो नहीं होगी ना अकेले रहने में?"

सुप्रिया - "अब क्यों पूछ रहे हैं? मैं मना करूंगी तो क्या आप नहीं जाएंगे?"

रोहन - " अरे नहीं भाई, कभी एक हफ्ते के लिए तुम्हें अकेला नहीं छोड़ा है ना इसीलिए।"

सुप्रिया - " मैं बड़े आराम से रह लूंगी। मुझे बहुत सारे काम हैं , और मुझे कहानियां भी कंप्लीट करनी हैं। आपके नहीं रहने से तो मुझे आसानी ही होगी। मुझे तो मजा ही आएगा। मैं क्यों किसी को मिस करूंगी। मैं तो सारा काम सुकून से कर पाऊंगी। घर में शांति ही शांति रहेगी।"

रोहन - "जाने दो , जाने दो , वो तो तुम्हारी बातों से पता लग रहा है। मैं तो जैसे तुम्हें पहचानता ही नहीं हूं। (वह जोर-जोर से हंसने लगता है।) मैं तो किसी को मिस नहीं करूंगी ।" (हा हा हा हा हा) वह सुप्रिया की नक़ल करता है।
सुप्रिया झूठ-मूठ का गुस्सा दिखाती है।

सुप्रिया टेबल पर खाना लगा चुकी होती है, और दोनों खाना खाने बैठते हैं। रोहन मोबाइल लेकर बैठता है और व्हाट्सएप देखते हुए खाने लगता है। तभी उसे दो दिन बाद का निमंत्रण का मैसेज दिखता है। वह खाना रोककर मैसेज चेक करता है, और सुप्रिया से कहता है -"अरे बाप रे , मैंने तो अभी देखा यह मैसेज। परसों तुम्हारे ननद- नंदोई की 25 वीं मैरिज एनिवर्सरी है मैडम। और हमें बुलाया है। अब

? अब क्या करें? मैं अपना टूर कैंसिल नहीं कर सकता।"

तभी उसकी बहन सुरभि का फोन आता है।

सुरभि - "हेलो भैया! कैसे हो?

रोहन- "हेलो, हां सुरभि ! सब ठीक है । तेरा मैसेज मैंने अभी देखा है।"

सुरभि - "हां भैया , मैंने देखा अभी कि आपने अभी ही मेरा मैसेज पढ़ा है। इसीलिए फिर फोन कर दिया। क्या कर रहे हैं? क्या प्रोग्राम कर रहे हो बता देना, आना जरूर।

रोहन - "सुरभि, सुनो मेरी बात और पूरी बात सुनना।"

सुरभि - "हां तो बोलो ना, मैंने कब मना किया है।"

रोहन - "मैं कल एक हफ्ते के लिए बाहर जा रहा हूं। पर तेरी भाभी यही रहेगी।"

सुरभि - "ओ हो तो , आप टूर कैंसिल नहीं कर सकते?"

रोहन - "नहीं कर सकता । पर हां तेरी भाभी तो रहेगी ही ना यहां। वह आ जाएंगीं। खाना खाने के बाद मैं प्लानिंग करके तुझे बताता हूं। "

सुरभि - "ठीक है भैया, आप प्लानिंग करके मुझे फोन भी कर दीजिएगा और मैसेज भी कर दीजिएगा। हम लोग अभी जगे ही रहेंगे।"

रोहन - "ठीक है, मैं खाना खाकर सुप्रिया से बात कर प्लानिंग कर लेता हूं फिर तुझे बताता हूं। ओके बाय।"

रोहन फोन रख देता है। दोनों खाना खाकर उठते हैं। रोहन अपना मोबाइल लेकर बेडरूम चला जाता है, और सुप्रिया बर्तन समेट कर सिंक में रख देती है। फिर किचन को अरेंज करके वापस रोहन के पास आकर बैठती है।

सुप्रिया - "आपने कह तो दिया पर , आपके बिना मैं सुरभि की पार्टी में कैसे जाऊं। बड़ी उलझन हो रही है , और मन काफी घबरा रहा है।"

रोहन - "यार तुम कब बड़ी होगी। कभी तो बड़ो जैसी बात किया करो। कल दिन में तुम कुछ गिफ्ट खरीद लेना और कल शाम को ही सुरभि के घर चली जाना। मैं उसको बोल दूंगा , तुम्हें ले जाएगा कोई आकर वहां से।"

रोहन ने सुरभि को फोन करके प्रोग्राम बता दिया।

सुप्रिया - "ठीक है। पर मुझे वहां शायद अच्छा नहीं लगेगा।"

रोहन - "क्यों अच्छा नहीं लगेगा?"

सुप्रिया - "अरे वह लोग इतने मॉडर्न हैं कि किसी चीज को गलत नहीं समझते। और शराब, उनके यहां शराब भी चलता है।"

रोहन - "तो क्या हुआ। (हंसते हुए) थोड़ा तुम भी पी लेना। ज्यादा मत पीना, बस साथ के लिए थोड़ा सा ले लेना।" (रोहन थोड़ा मजाक करते हुए उसे समझा रहा था)। और कोई डांस के लिए बोले तो वह भी कर सकती हो। अच्छा ही लगेगा। (हा हा हा हा) ज्यादा ना ना मत करना।"

सुप्रिया - "और परेशान कर लो मुझे। एक तो मैं खुद कितनी उलझन में हूं और आपको मजाक सूझ रहा है।" (सुप्रिया ने मुंह बनाते हुए कहा।)

रोहन - "अरे यार, इतना डरने की क्या बात है। सब अच्छा होगा। और देखो सभी तुम्हें कितना पसंद करते हैं। वहां तुम्हें बहुत मजा आएगा। और जिंदगी को एक नए ढंग से जीने का मजा आएगा। एकदम नया जीवन, मौज मस्ती, सब होगा वहां। तुम नाहक परेशान हो रही हो। फिर यदि कोई परेशानी हो, तो सबको तो तुम जानती ही हो। किसी से भी कह देना।"

सुप्रिया - "ठीक है जब आपको कोई फर्क ही नहीं पड़ेगा तो मैं फुल मस्ती और एंजॉय करूंगी वहां, और वह भी आपके बिना।"

दूसरे दिन रोहन टूर पर चला जाता है। सुप्रिया भी घर के सारे काम खत्म करके और घर को अरेंज करके, गिफ्ट लेने बाजार चली गयी। सब के लिए कपड़े खरीद कर वह वापस घर आ गयी। रोहन ने उसे एक मोतियों का सेट गिफ्ट किया था, जिसे उसने पहना नहीं था। उसने वह सेट भी सुरभि के लिए रख लिया। और दो दिन की तैयारी करके शाम को सुरभि के घर जाने के लिए तैयार हो गई।

शाम को सुरभि खुद ड्राइवर के साथ उसे लेने आ गई। सुरभि ने सुप्रिया को गले लगाया और बोली - "वाह भाभी गजब लग रही हो।" भाभी चलिए पहले हम पार्लर चलते हैं, फिर घर जाएंगे।"

सुप्रिया -"ठीक है मेरी ननदो रानी, चलो। यह दो दिन तुम्हारे हवाले।" दोनों हंसती हुई गाड़ी में बैठ जाती हैं।

पार्लर से घर पहुंचते उन्हें रात हो जाती है। सुरभि का ससुराल काफी धनाढ्य है। सुरभि के घर में तो 6 बेडरूम हैं। सब से अटैच बाथरूम भी। एक कमरा सुप्रिया को रहने के लिए दे दिया जाता है। सुरभि के ससुराल में कई नौकर हैं, तो वहां कोई काम नहीं करना था। बस सब से मिलो जूलो और मौज करो। सुप्रिया सामान रखकर सुरभि की सास से मिलने जाती है। वह उनके पैर छूती है तो उनकी सास ने "सौभाग्यवती " होने का आशीर्वाद दिया और साथ ही साथ उलाहना भी दिया कि - "तुम मिलने क्यों नहीं आती हो "

सुप्रिया ने भी नतमस्तक होकर अपराध स्वीकार किया और क्षमा मांगी।

दूसरे दिन पार्टी की तैयारी बड़े जोर शोर से हो रही थी। सभी काम के लिए अलग-अलग लोगों को जिम्मेदारी दी गई थी। डेकोरेशन वाला डेकोरेट कर रहा था। हलवाई बगल वाले फ्लैट में खाना बना रहा था। सुरभि का एक रिश्ते में दूर का देवर दौड़ - दौड़ कर सब तैयारी देख रहा था।

सुरभि को जब वह जयमाला देने आया तो सुरभि ने बोला - "मेरी भाभी के कमरे में, उनके पास ही रख आइए। मैं भी आ रही हूं पीछे से।"

सुप्रिया कमरे से निकलने ही वाली होती है कि, सुरभि का देवर वहां आता है, और सुप्रिया को देखकर एकटक देखता ही रह जाता है। सुप्रिया उससे कुछ पूछती इससे

पहले ही सुरभि आ जाती है, और देवर को इस तरह सुप्रिया की तरफ देखते देख हंसने लगती है। देवर की पीठ पर धौल जमा कर बोलती है - " यह मेरी भाभी हैं। इस तरह क्या देख रहे हैं?"

सुप्रिया और सुरभि का देवर झेंप जाते हैं। सुरभि का देवर भी काफी स्मार्ट और सुंदर था। उसे देख कर कोई भी मुग्ध हो जाता था। पर वह अपने लिए सुंदर सुशील लड़की चाहता था। जिसकी तलाश अभी जारी थी।

सुरभि ने कहा - "जो काम करने आए थे वह किया कि नहीं आपने?"

"नहीं भाभी। ये लीजिए वरमाला" इतना कह कर वह चला गया।

सुरभि - "भाभी यह वरमाला आप संभाल कर रखिए। और आपको यदि किसी चीज की जरूरत हो तो इन्हीं महाशय को पकड़ियेगा। भाभी एक बात मैंने नोटिस की कि ये आप पर लट्टू हो गया है। वर्ना एक से एक खूबसूरत और अच्छी लड़कियां आई पर इसने घास नहीं डाली।"

सुप्रिया -"क्या सुरभि! तू मेरी टांग खींच रही है। अच्छा सुन यह कपड़े और यह मोतियों का सेट तेरे लिए है। यह दूसरा वाला जीजा जी के लिए।"

सुरभि झटपट गिफ्ट खोलती है।

सुरभि - "अरे वाह भाभी! यह तो बहुत सुंदर है। अब तो मैं यही पहनूंगी।"

सुप्रिया - "पर तूने भी तो इतनी सुंदर ड्रेस ली है। उसे क्यों नहीं पहनेगी? यहां सबको खराब लगेगा।"

सुरभि - "नहीं भाभी, किसी को कोई खराब- वराब नहीं लगेगा। मुझे यह ज्यादा पसंद आई। और मेरे मायके का है, तो आज के दिन मैं यही पहनना चाहूंगी।"

सुप्रिया की आंखें भर आई, सुरभि का मायके के प्रति सम्मान देखकर। वह सुरभि को गले लगा लेती है।

कुछ देर बाद दोनों नॉर्मल हो जाते हैं। सुरभि का देवर अब सुप्रिया का हर तरह से ख्याल रखने लगा।

शाम को पार्टी शुरू हुई, तो सब इंजॉय करने लगे। कभी डांस तो कभी गाना। तभी सुरभि और उसका पति हाथों में हाथ डाले हॉल में प्रवेश करते हैं। सभी जोर-जोर से स्वागत करते हैं। स्टेज पर सोफे रखे हुए थे, जिस पर उन दोनों को बैठा दिया गया। दोनों का जोड़ा गजब का सुंदर लग रहा था। बिल्कुल नहीं लग रहा था की उनकी शादी की 25 वीं सालगिरह है।

सुप्रिया वरमाला लेकर आई, और दोनों को दे दिया। पहले सुरभि ने अपने पति को पहनाया और फिर उसके पति ने सुरभि को माला पहनाई। सभी तालियां बजाकर पुष्प वर्षा करने लगे। अब सुरभि का देवर केक लेकर आया, फिर केक कटिंग हुआ।

धीरे-धीरे सभी थोड़ा-थोड़ा ड्रिंक लेकर पीने लगे। उसके बाद सब डांस करने लगे कोई भी किसी को भी अपने साथ ले कर डांस कर रहा था। पूरा माहौल रंगीन होने लगा था।

सुप्रिया सब देख रही थी, तभी सुरभि का देवर आया और सुप्रिया को अपने साथ डांस के लिए कहने लगा। सभी ने जोर देकर दोनों को डांस के लिए प्रेरित किया। फिर सुप्रिया भी झिझक छोड़कर डांस करने लगी। दोनों ने बहुत अच्छा डांस किया। जब सुप्रिया थक गई, तो उसे प्यास लगने लगी। उसने वेटर को कोल्ड ड्रिंक लाने को कहा। वेटर को पता नहीं था कि सुप्रिया ड्रिंक नहीं करती, उसने कोल्ड ड्रिंक ना सुनकर ड्रिंक समझा और उसे ड्रिंक लाकर दे दिया।

सुप्रिया ने पी लिया , पर टेस्ट थोड़ा अजीब लगा, फिर भी वो पी गई। पार्टी पूरे शबाब में चल रही थी। फिर धीरे-धीरे सारे मेहमान जब थक गए तो खाना खाकर वापस एक-एक कर जाने लगे। सभी मेहमान सुरभि को बधाइयां और गिफ्ट देकर विदा लेते गए।

अब परिवार के सदस्य ही बचे थे। सब एक जगह बैठ गए और गाना गाकर इंजॉय करने लगे। एक-एक कर सभी गाना गा रहे थे। नौकर बीच-बीच में सबको स्नैक्स और ड्रिंक सर्व कर रहे थे। सुरभि ने भी सुप्रिया को जिद करके थोड़ा सा ड्रिंक

पिलाया। सुरभि को यह पता नहीं था कि सुप्रिया धोखे में एक बार पहले ही ड्रिंक पी चुकी है। इसलिए उसने आज के दिन का वास्ता देकर पिला दिया। उसे पता था कि सुप्रिया ज्यादा नहीं पी सकती है उसे नशा चढ़ जाता है। इसलिए दोबारा सुरभि ने भी जोर नहीं दिया।

फिर सब खाना खाकर अपने- अपने कमरे में जाने लगे। सुप्रिया भी अपने कमरे में जाने के लिए उठी, पर चल ना सकी। क्योंकि सुप्रिया के हिसाब से ड्रिंक डबल हो गई थी, तो उसे ज्यादा चढ़ गई। वैसे भी सुप्रिया कम ड्रिंक में ही पस्त हो जाती थी। उसे आदत तो थी नहीं इसलिए।

सुरभि ने अपने देवर को कहा कि -"भाभी को कमरे में सुला दीजिए। सुरभि के देवर ने भी उसे सहारा देकर उठाया और बेडरूम में ले जाकर बेड पर लिटाया।

सुप्रिया ने नशे की बेहोशी में ही सुरभि के देवर को ना जाने क्या-क्या बोलती गई। वह उसे रोहन समझ रही थी। सुरभि का देवर उसे संभाल रहा था, पर सुप्रिया उसे छोड़ने का नाम नहीं ले रही थी। फिर वह उसका हाथ पकड़ कर लेट गई, और बड़बड़ाते हुए सो गई। सुरभि का देवर अपने आप को सुप्रिया से अलग करने की कोशिश कर रहा था। पर असफल रहा । वह भी वही बैठे-बैठे सो गया।

अचानक से उसकी नींद खुली तो उसने देखा सुप्रिया बाथरूम में उल्टी कर रही है। वो वहां गया और उसकी पीठ पर हाथ रो दबा कर सहलाने लगा। जिससे सुप्रिया को आराम हुआ और उल्टी बंद हो गई। सुरभि के देवर ने उसे थोड़ा पानी पिलाया। फिर बिस्तर तक पकड़ कर ले आया। अब सुप्रिया को थोड़ा होश आया, तो सुरभि के देवर को अपने कमरे में देखकर आश्चर्य हुआ।

फिर अचानक वह रोने लगी। "आप यहां क्या कर रहे हैं ?" उसने पूछा। सुरभि के देवर ने उसे पूरा किस्सा कह सुनाया। अब तो सुरभि को शर्म भी आ रही थी और आत्मग्लानि भी हो रही थी। वह फिर से रोने लगी।

सुरभि के देवर ने उसे ढांढस बंधाया और कहा - "आपने कुछ गलत नहीं किया है। और मैं आपका सम्मान करता हूं। आप पाक और साफ हैं। आप नाहक परेशान हो रही हैं। आपने ऐसा कुछ नहीं किया है, जिससे आपको शर्मिंदा होना पड़े।"

"मुझे स्त्रियों का सम्मान करना भी आता है, और समय पड़ने पर केयर करने भी आता है। आप निश्चिंत रहें। यह बात हम दोनों तक ही सीमित रहेगी इस कमरे से बाहर कुछ भी नहीं जाएगा। पर शर्त यह है कि आप किसी के फोर्स करने पर भी शराब को हाथ तक नहीं लगाएंगी। सुप्रिया ने सिर्फ "हां " में सिर हिलाया और अपनी नजरें नीची किए खड़ी रही। सुरभि का देवर कमरे से बाहर आ गया।

सुप्रिया नॉर्मल होने की कोशिश करने लगी पर बार-बार आत्मग्लानि से भर जा रही थी। दूसरे दिन काम का बहाना बनाकर वह अपने घर आ गई। घर आकर वह खूब रोई। उसे बार-बार यही लग रहा था कि उसने बहुत बड़ी गलती कर दी। दो दिन बाद जब रोहन घर आया तो सुप्रिया नॉर्मल बिहेव नहीं कर पा रही थी।

जब दो दिन और बीत गए तो रोहन ने सुप्रिया को अपने पास बिठाकर पूछा।

रोहन - "क्या हुआ सुप्रिया? तुम ठीक तो हो ना? सुप्रिया चुप रही। फिर रोहन ने पूछा। सुप्रिया फिर भी चुप रही आखिर रोहन ने पूछा - "क्या बात है सुप्रिया? तुम चुप-चुप सी क्यों हो? जब से मैं वापस आया हूं तब से देख रहा हूं, तुम नॉर्मल नहीं हो। मुझे कुछ बताओगी नहीं तो मैं कैसे समझूंगा? कोई प्रॉब्लम है क्या?"

रोहन के बार-बार पूछने पर सुप्रिया फफक- फफक कर रो पड़ी तो रोहन ने उसे कुछ देर रोने दिया और फिर उसे पानी लाकर पिलाया। जब सुप्रिया थोड़ी शांत हुई तो रोहन ने उसे प्यार से गले लगाया, और फिर प्यार से सुप्रिया का चेहरा ऊपर उठाया फिर पूछा - "क्या हुआ सुप्रिया? तुम मुझे भी नहीं बताओगी?"

अब सुप्रिया थोड़ी हिम्मत करके रोहन को सुरभि के यहां की सारी घटना शुरू से आखरी तक बता देती है।

रोहन - "अरे यार, तुम इस बात के लिए इतना परेशान क्यों हो रही हो? यह बात यदि तुम मुझे पहले ही बता देती तो, इतनी प्यारी सूरत खराब नहीं होती। यह खूबसूरत आंखें परेशान ना होते।"

फिर रोहन सुप्रिया को पलंग पर बैठता है, और प्यार से उसे समझाता है।

रोहन - "सुनो! सबसे पहले तो तुम यह समझ लो कि मैं मरते दम तक तुम्हें वैसे

ही प्यार करता रहूंगा, जैसा पहले करता था। और तुम अपने दिमाग से यह बात निकाल दो कि तुमने कुछ गलत किया है। रही बात उसकी जो तुमने नशे में उससे कहीं। क्या तुम नशे में नहीं होती तो ऐसा करती? नहीं ना? फिर जो हुआ वह नशे की हालत में हुआ। तुम इसके लिए परेशान क्यों हो रही हो।"

"उसने तुम्हारी कितनी मदद की। वह चाहता तो पूरा फायदा उठा सकता था। पर वह सोचो कितना भला आदमी था। उसने तुम्हें कितना सम्मान दिया है। उसके सम्मान का तो सम्मान करो।"

"अब मेरी बात ध्यान से सुनो। तुम मेरी हो और मुझे तुम पर पूरा विश्वास है। तुम्हारा मेरे प्रति "समर्पण" मैंने देखा है। इतने सालों से तुम्हें जानता हूं। क्या मैं तुम्हें पहचानूंगा नहीं? मुझ पर इतना तो विश्वास कर ही सकती हो।"

"तुम्हारा मेरे प्रति प्यार और "समर्पण" कैसा है, यह मुझे पता है। और मुझे यह भी पता है कि, यदि मेरे साथ कुछ ऐसा हुआ होता तो, तुम मुझे माफ करने में 1 मिनट भी नहीं लगातीं।"

"औरतें कितनी आसानी से सब बर्दाश्त कर लेती हैं। पति गलत भी करता है, तो उन्हें माफ करती रहती हैं। उन्हें सुधारने की कोशिश भी करती हैं। तो यदि औरतें यह सब कर सकती हैं, तो फिर हम मर्दों को भी तो माफ करना आना चाहिए।"

"यहां तो मेरी सुप्रिया पूरी तरह से समर्पित है मेरे लिए और मुझे तुम्हारे समर्पण पर गर्व है।"

सुप्रिया रोहन के गले लग जाती है। रोहन भी उसे बाहों में भर लेता है। दोनों को अब पूरा सुकून मिल गया है।

4

काव्यांश

"हेलो, कौन? अरे काव्या! कहां थी इतने दिन? तेरी शादी के बाद तो कोई खबर ही नहीं मिली।"

काव्या - "अरे मेरी भी तो सुन। तू अभी यही रहती है ना?

अंशिका -"हां बोल तू आ रही है क्या?"

काव्या - "हां मुझे मिलना है तुझसे तू मुझसे मिलने मेरे होटल आ सकती है?"

अंशिका -"नहीं, मैं नहीं आ सकती। (गुस्सा दिखाते हुए) तू होटल में रुकी है। जब मैं यहीं रहती हूं, तो तुझे होटल में रहने की क्या जरूरत?"

काव्या - "अरे यार, मुझे ना तेरे घर का पता मालूम है, और ना ही मैं यह कंफर्म थी कि तू यहीं रहती है।"

अंशिका - "अच्छा सुन, मैं तुझे अपने घर का एड्रेस भेजती हूं। तू होटल से चेक आउट करके यहीं आजा। बाकी बातें हम मिलकर करते हैं।"

काव्या -"ठीक है, जैसा तू कहे। मुझे यही सब बातें करनी हैं।"

अंशिका -"एड्रेस सेंड कर दिया है। आई एम वेटिंग फॉर यू डियर। कम सून। सी यू ,बाय।"

एड्रेस पाते ही काव्या होटल से चेकआउट करती है, और अपना तीन लगेज थामें निकल जाती है अंशु यानी अंशिका के घर।

काव्या के आने तक अंशु को पिछली बातें याद आने लगती हैं।

अंशु और काव्या बचपन की सहेलियां हैं। दोनों साथ पली-बढ़ी हैं। एक दूसरे के दुःख में दुःखी और एक दूसरे के सुख में खुशी पाने वाले सहेलियां हैं। कई वर्षों बाद उनकी मुलाकात होने वाली है। अंशु बेसब्री से काव्या का इंतजार कर रही है।

अंशिका को लोग अंशु ही कहा करते थे। अंशु के पति राज एक बिजनेसमैन हैं। राज और अंशु की शादी लव कम अरेंज मैरिज है। अंशु के पिता भी एक बिजनेसमैन थे।

राज के पिता से उनकी मुलाकात बिजनेस के दौरान एक मीटिंग में हुई थी। फिर दोनों में दोस्ती हो गई। इनकी दोस्ती इतनी प्रगाढ़ हो गई की बाद में दोनों ने अपने-अपने बच्चों के शादी करवा कर रिश्ता और मजबूत बनाने का फैसला किया। जब घर में बात हुई तो राज ने थोड़ा समय मांगा।

ऐसा नहीं था कि राज को अंशु पसंद नहीं थी। दोनों को एक दूसरे का साथ अच्छा लगता था। लेकिन शादी के लिए राज को सोचने समझने का समय चाहिए था।

अंशु भी चाहती थी कि वह एक दूसरे के लाईफ पार्टनर बनने से पहले एक दूसरे को अच्छी तरह जान लें। अंत में यही फैसला हुआ कि दोनों को एक दूसरे को समझने के लिए दो साल का समय दिया गया।

दोनों एक दूसरे से मिलने जुलने लगे। राज डेढ़ साल के लिए विदेश चला गया। यह दूरी का समय उन्हें एक दूसरे के और करीब ले आया। राज और अंशिका की समझ में यह आ गया कि ,वह दोनों एक दूसरे के लिए ही बने हैं।

फिर क्या था राज और अंशिका दोनों ने अपना - अपना फैसला सुना दिया कि वह दोनों शादी के लिए तैयार हैं। अब तो दोनों घरों में खुशी का माहौल बन गया था ।

दोनों परिवार के सदस्यों ने राज के वापस आने पर शादी कर देने का फैसला लिया

और शादी की तैयारियों में लग गए।

काव्या, अंशु की सबसे खास दोस्त थी इसीलिए शादी की तैयारी में काव्या भी बढ़-चढ़कर साथ दे रही थी। दोनों सहेलियों ने मिलकर खूब खरीदारी की। जब अंशु ने अपने लिए शादी का लहंगा लिया तो उसे कई लहंगे पसंद आ गए। उसने एक साथ चार लहंगा खरीद लिया।

काव्या ने उसे टोका -"अरे एक साथ चार मत ले। फिर इसका फैशन खत्म हो जाएगा तो यह बेकार हो जाएगा।"

अंशु -"छोड़ यार, अब ले ही लिया है तो काम भी आ जाएगा।"

घर आकर अंशु ने सारे लहंगे अपनी मां को दिखाएं तो मां ने भी यही पूछा कि -"एक साथ चार क्यों ले लिए?"

तो अंशु ने जवाब दिया - "मां पहनने के लिए लिया है, और क्या। बहुत मौके मिलेंगे इसे पहनने के। "यह कहकर अंशु मां की तरफ आंख मार कर कुछ इशारा करती है और हंस देती है।

अंशु की मां ने सारे लहंगे अलमारी में रख दिए। इसी तरह रोज दौड़-धूप में सारे काम होते रहे। सारी शॉपिंग हो गई तो काव्या उधेड़बुन में लग गई कि उसे किस फंक्शन में कौन से कपड़े पहनने हैं। 'मेहंदी में पहनने के लिए हरे रंग का खूबसूरत सा सूट है, वह पहन लूंगी। हल्दी में पीली साड़ी मम्मी की पहन लूंगी। बस शादी के लिए कुछ अच्छा सा लेना पड़ेगा '-काव्या बुदबुदाई।

यह सब सोचकर काव्या अंशु को फोन करती है, कि -"क्या तुझे मेरे साथ बाहर जाने का परमिशन मिल जाएगा? मुझे कपड़े लेने हैं।"

अंशु-"कौन सा कपड़ा लेना रह गया है।"

काव्या- "तेरी शादी में पहनने के लिए कुछ लेना है"।

अंशु -"तो सुन, तू आकर यदि मम्मी को मना लेगी तो वह जरूर परमिशन देंगी।

पर मम्मी को मनाना तेरा काम है।"

काव्या -"वह तो मैं चुटकियों में कर लूंगी।" (दोनों हंसती हैं) तू तैयार हो जा। मैं आ रही हूं।"

अंशु -ठीक है ,तू आजा।"

आधे घंटे बाद काव्या आ जाती है। अंशु को तैयार ना देख कर गुस्सा करती है -"यह क्या? तू अभी तक तैयार नहीं हुई? और आधा घंटा लेट हो जाएगा।

अंशु रुआंसी होकर बोली -"सॉरी काव्या, मां ने परमिशन नहीं दी ।"

काव्या-"अरे तुझे नहीं दी ,पर मुझे वह मना नहीं करेंगी। मैं उनसे बात करके आती हूं ,तब तक तू तैयार हो जा।"

अंशु आंसू पोछते हुए कहती है -" ठीक है"

काव्या -"आंटी कहां है?"

अंशु -"कहां होंगी, या तो अपने कमरे में या सामान वाले कमरे में।"

काव्या चली जाती है। उसने बेडरूम में जाकर देखा, 'आंटी आंटी' करके पुकारा भी पर वह वहां नहीं मिलीं। वह सामान वाले कमरे में गई तो वह वहां मिल गई।

काव्या -"आंटी, क्या मैं अंशु को अपने साथ ले जा सकती हूं? मुझे कपड़े खरीदने हैं।"

अंशु की मम्मी ने जवाब दिया -"बेटा तुम मेरे कमरे में बैठो, मैं एक मिनट में आती हूं।

काव्या -"ठीक है" कह कर बेडरूम में आ जाती है। लगभग दो मिनट बाद ही अंशु की मम्मी कमरे में आ जाती हैं।

अंशिका की मम्मी- "हां बोल काव्या, क्या बोल रही थी तू?"

काव्या -"आंटी, मैं अंशु को अपने साथ ले जाऊं?"

अंशु की मां ने अनसुना करते हुए काव्या से कहा -"बेटा मेरा एक काम रह गया है। जरा अलमारी में एक जूट का झोला रखा है। उसमें किसी का सामान है, उसे पहले पहुंचा दे। उस पैकेट पर उसका नाम पता लिखा होगा। हां अब बोल तू क्या कह रही थी।"

काव्या -"मैं अंशु को बाहर ले जाना चाहती हूं "

"अरे नहीं बेटा अब अंशु को बाहर नहीं ले जाना कहीं। अब उसका बाहर निकलना बंद। अच्छा पहले मेरा यह काम करके आ।"अंशिका की मां ने कहा।

काव्या की आंखों में आंसू आ गए। वह अलमारी से पैकेट निकाल कर सीधा अंशु के कमरे में आ गई, और सिसकने लगी।

अंशु -"अरे ,क्या हुआ? तुम रो क्यों रही हो?"

काव्या- "आंटी ने साफ मना कर दिया ।अब मैं किसके साथ जाऊं? बस यह पैकेट दे दिया और कहा इसे सही जगह पहुंचा दो।"

अंशु -"अरे यार, सुन, मेरी बात सुन। मम्मी ने मना कर दिया ना, लेकिन साथ ही एक काम पकड़ा दिया है। तो तू ऐसा कर मम्मी का यह काम कर दे। तो मम्मी खुश हो जाएंगी और शायद इजाजत दे दें।"

काव्या ने 'हूं 'कहा और थैले से पैकेट निकाला पर उस पर कोई नाम या पता ना देख कर अंशु से बोली -"यार इस पर तो कोई नाम, पता नहीं है ! अब क्या करूं?"

अंशु -"चुप, ज्यादा तेज मत बोल ।ऐसा करते हैं। रैपिंग हटा देते हैं। अंदर नाम चला गया होगा।"

काव्या -"पर रैपिंग हटा दूंगी तो आंटी नाराज हो जाएंगी"

अंशु- "फिर से रैप कर देंगे ।रैपर तो मेरे पास है ही।"

काव्या धीरे-धीरे रैपिंग खोलकर नाम और पता खोजती है। उसमें अपना नाम देख कर चौंक जाती है। अंशु का मुंह ताकने लगती है।

अंशु मुस्कुराते हुए "अरे अब मेरा मुंह क्या देख रही है। खोल कर देखेगी नहीं कि क्या गिफ्ट मिला है तुझे।"

काव्या उस पैकेट को खोल कर देखती है। उसमें हल्के पर्पल कलर का लहंगा जिसमें सिल्वर कलर से काम किया हुआ था और मोतियां लगी हुई थीं। वह उसे देख कर चौंक जाती है।

काव्या -"अरे, यह तो वही लहंगा है जो हमने उस दिन लिया था"

अंशु-"हां, हां, यह वही है और यह तेरे लिए ही खरीदा गया है।"

काव्या -"क्यों झूठ बोल रही है, यह तो तुमने ऐसे ही चार लहंगे ले लिए थे"

अंशु -"हां लिया था ऐसे ही, पर यह सोच कर ही लिया था कि एक तुझे देना है।"

काव्या ख़ुशी के आंसुओं के साथ अंशु के गले लगती है और थैंक यू कहती है। तभी अंशु की मम्मी आ जाती हैं -"अरे तुम लोगों का भरत मिलाप कभी खत्म होगा भी कि नहीं। और काव्या मैंने तुझे काम दिया था ना, वह किया कि नहीं?"

काव्या - "हां आंटी, कर दिया पर आपको इतना कुछ करने की क्या जरूरत थी।"

अंशु की मां -"कैसे जरूरत नहीं थी। घर में शादी है तो कपड़े तो चाहिए ना। एक बेटी के लिए इतना खरीद रहे हैं, तो दूसरे के लिए कैसे नहीं खरीदूंगी।"

काव्या आंटी के गले लग कर रोने लगती है।

अंशु की मां -"अब यह रोना-धोना बिदाई के समय के लिए बचा कर रख। मैंने अंशु

को उसी दिन बोल दिया था कि काव्या के लिए भी एक लहंगा ले लेना। इसीलिए यह तुझसे पसंद करवाया था।"

यह लहंगा काव्या की पसंद का ही था। काव्या खुश थी कि उसे इतना सुंदर लहंगा गिफ्ट मिला था। वह खुशी-खुशी घर आ गई।

बहुत जल्द ही वह दिन भी आ गया जब अंशिका को हल्दी मेहंदी लगनी थी हल्दी वाले दिन राज बीच-बीच में अंशिका को फोन करके तंग कर रहा था। फिर दोनों सहेलियों ने सोचा कि राज को मजा चखाते हैं। अबकी राज का फोन आने पर दोनों कमरे में आ गई और स्पीकर ऑन करके बात करने लगीं।

राज जो बोलता उस पर काव्या जवाब देती जा रही थी। कुछ देर तो काव्या बात करती रही। पर जब राज ज्यादा रोमांटिक बातें करने लगा ,तो काव्या से जवाब देते नहीं बन रहा था। अचानक से दोनों तेज तेज हंस देती हैं।

राज अचकचा कर पूछता है -"क्या हुआ?" तो काव्या जवाब देती है-" कुछ नहीं हुआ। बस पूछना यह था कि जो बातें आपने अभी मुझसे की हैं। वह मेरे लिए थी या अंशिका के लिए।" यह कहकर काव्या और अंशिका हंसने लगती हैं। राज शरमा जाता है , और 'सॉरी 'बोल कर फोन रख देता है।

अंशिका- "अब परेशान नहीं करेगा बच्चू। बहुत तंग किया आज इसने।"
    दूसरे दिन सुबह मेहंदी और शाम को संगीत का कार्यक्रम था। सभी सुबह से दौड़ धूप में लगे थे। कोई इधर से उधर काम के लिए जा रहा था तो कोई कुछ कर रहा था तो कोई कुछ।

अंशिका की मम्मी ने काव्या से कहा -"बेटा तू सबसे पहले मेहंदी लगवा ले। ताकि तू पहले फ्री हो जाए। उसके बाद तुझे सारा काम देखना है। अच्छा शाम को तेरा डांस तो है ना?"

काव्या -"जी आंटी मेरा डांस है, और सबसे बेस्ट मेरा ही होगा।" दोनों हंसती हैं।

अंशिका को शाम को ही मेहंदी लगने वाली थी। जब ससुराल से उसके लिए मेहंदी की थाली आएगी उसके बाद ही। इसीलिए घरवाले खाना-पीना के साथ-साथ अपनी

अपनी तैयारियों पर ध्यान दे रहे थे।

अंशिका की मम्मी व्यस्तता में भी सभी मेहमानों से एक-एक कर मिलकर खाना खाने पीने के लिए आग्रह कर रही थीं।

शाम को मेहमान आने शुरू हो गए जल्दी ही अंशिका के ससुराल वाले भी मेहंदी की रस्म के लिए आ गए। दीवाल के सहारे बीचो बीच में एक सोफा रख दिया गया था और उस पर अंशिका को बिठा दिया गया था। सभी आकर अंशिका को बधाई और प्यार दे रहे थे, साथ ही संगीत का कार्यक्रम भी शुरू हो गया।

छोटे-छोटे बच्चे अपनी-अपनी डांस परफॉर्मेंस दे रहे थे। अंशिका को मेहंदी लगनी शुरू हो गई थी। सब संगीत और नृत्य का आनंद उठा रहे थे। वेटर सबको स्टार्टर और पानी, कोल्ड ड्रिंक सर्व कर रहे थे। तभी म्यूजिक शांत हुआ। सबका ध्यान गया की अचानक म्यूजिक क्यों बंद हो गई।

सभी उधर देख रहे थे कि तभी म्यूजिक शुरू हुआ और काव्या बीच हॉल में आ गई उधर गाना शुरू हो गया -

' ये गलियां ये चौबारा, यहां आना ना दोबारा।
अब हम तो भए परदेसी, की तेरा यहां कोई नहीं।
कि तेरा यहां कोई नहीं।................

काव्या इसी गाने पर परफॉर्मेंस दे रही थी। ज्यों ज्यों ये गाना आगे बढ़ता गया, त्यों -त्यों माहौल में नमी आती गई। सभी की आंखों में आंसू आ गए। गाना खत्म होते-होते अंशिका दौड़कर काव्या के गले लग कर रोने लगी।

सभी तालियां बजाने लगे। कुछ देर बाद काव्या ने अंशिका को अपने से अलग किया और आंसू पोंछते हुए बोली -"अरे -अरे सारी मेहंदी खराब हो जाएगी। मेकअप तो खराब हो ही गया। चल अब मेहंदी पूरी करवा ले।"

तालियां कुछ देर तक बजती रही। माहौल धीरे-धीरे सामान्य हो गया। सभी फिर अपनी-अपनी बातों में मगन हो गए।

काव्या अब अंशिका के बगल में बैठ गई। दोनों बीच-बीच में एक दूसरे को देखती हैं, पर कुछ बात नहीं करते। नज़र मिलते ही आंखें चुरा लेती। दोनों के मन और दिल में यही हलचल हो रही थी कि, 'अब पहले जैसा कुछ नहीं रहेगा' हम दूर -दूर रहेंगे। पता नहीं मिलना जुलना आगे की जिंदगी में कितना हो पाएगा।

दोनों एक दूसरे के मन की बात समझ रही थीं। अचानक दोनों एक साथ बोल पड़ीं- "चाहे कुछ भी हो " (फिर दोनों हंस पड़ीं) अरे हम दोनों तो एक ही बात बोल रहे हैं। अब तो कुछ बोलने की जरूरत नहीं है।

उधर राज का ममेरा भाई लगातार काव्या को देख रहा था। वह काव्या को पसंद करने लगा था। यह बात अभी किसी की नजर में नहीं आई थी। उसने जब काव्या को पहली बार देखा था तभी वह अच्छी लगने लगी थी, पर जब उसका डांस परफॉर्मेंस देखा और उसका रिस्पांस देखा तो वह पूरी तरह लट्टू हो गया।

खैर पूरा कार्यक्रम खत्म हुआ सभी अपने-अपने घर चले गए। दूसरे दिन शादी थी पर सभी इतना थक गए थे कि उस दिन सोते ही नींद आ गई।

शादी वाले दिन पूरी गहमागहमी थी। अंशिका के मम्मी पापा तो खुश भी थे और निराश भी कि- उनके जिगर का टुकड़ा अपने दूसरे घर जा रही है। इधर काव्या भी उदास थी कि उसकी प्यारी दोस्त उससे दूर जा रही है, लेकिन उससे ज्यादा वह खुश थी कि राज एक अच्छा इंसान है ।अंशिका उसके साथ बहुत खुश रहेगी।

शाम को राज बारात लेकर आ गया। खूब धूमधाम के साथ राज और अंशिका की शादी की रश्में पूरी हुईं। दूसरे दिन सुबह-सुबह अंशिका की विदाई हुई। अंशिका अपने मां के गले से लिपट कर खूब रोइ। फिर कार में बैठने से पहले काव्या और अंशिका एक दूसरे को कस के पकड़ कर खूब रोईं। बाद में सब ने दोनों को अलग किया और अंशिका को कार में बिठाया और विदा कराया गया।

सभी अपनी अपनी जगह चले गए। अंशिका की मम्मी और काव्या कुछ देर तक वहीं खड़ी उधर देखती रहीं जिधर अंशिका की कार गई थी। फिर काव्या ने अंशिका की मम्मी के गले लग कर कहा -"आंटी, अच्छा है ना। आप अपने सबसे बड़े काम से निवृत हो गई। फिर इतना रोना काहे का। अच्छा है आपकी बला टली।"

अंशिका की मम्मी ने काव्या का कान पकड़ा और बोलीं -"अच्छा तो मेरी बेटी एक बला है।(कान उमेठते हुए) अब बता कौन बला है?"

काव्या ऊइइइइइइइ करते हुए बोली -"नहीं आंटी, कोई बला नहीं है।" अंशिका की मम्मी ने उसका कान छोड़ा।

काव्या कान सहलाते हुए बोली -"आंटी मैं तो आप को बहलाने के लिए ऐसा कह रही थी। जहां तक अंशिका की बात है, तो वह बहुत लकी है। राज जीजू अच्छे इंसान हैं, और उनका पूरा परिवार भी बहुत अच्छा है। वह बहुत ही खुश रहेगी।"

अंशिका की मम्मी (एक गहरी सांस छोड़ते हुए) बोली -"हां बेटा, यह तो सच है कि उसे महेश भाई साहब का घर मिला। वह लोग तो उसे सर आंखों पर बिठा कर रखेंगे। और मुझे यह भी पता है कि, तू मुझे बहलाने के लिए यह सब बातें कर रही है। अच्छा ,अंदर चल, सबको चाय पिला दे। फिर सब सो जाएंगे या कम से कम कुछ देर आराम तो करेंगे ही।"

काव्या -"जी आंटी, चाय के लिए बोल तो दिया है। जा कर देखती हूं।"

अंशिका की मम्मी -"चल झूठी ,तूने कब बोला चाय के लिए। तू तो यहां मेरे पास ही खड़ी थी।"

काव्या -"हां 'हां '(कॉलर उठाने का नाटक करते हुए और कंधे उचकाते हुए बोली) यह काव्या दी ग्रेट है आंटी। मैंने विदाई के समय ही बोल दिया था कि चाय की तैयारी करो। विदाई के बाद सभी चाय पिएंगे। और तह यहीं पर था जब आप अपनी बिटिया के गले लग कर रो रही थी। तभी उसे भेज दिया कि अब चाय चढ़ा दो।"

अंशिका की मम्मी -"अच्छा किया ,तूने बोल दिया ।वरना सब चाय के लिए परेशान रहते।"

काव्या -"और नहीं तो क्या, आपका ध्यान तो पूरा का पूरा अपनी बेटी पर था। (ताना मारने के लहजे में)।

अंशिका की मम्मी -"अच्छा -अच्छा, अब मेरी टांग खिंचाई बंद कर। चल अंदर

चल।"

अंदर आने पर दोनों ने देखा, सभी चाय का प्याला लिए आनंद ले रहे थे।

दो दिन बाद पगफेरे की रस्म अदायगी भी हो गई। सच में अंशिका काफी खुश थी। कुछ दिन और रस्में होती रही। एक महीने बाद अंशिका और राज हनीमून के लिए विदेश चले गए।

इधर राज का ममेरा भाई करण,काव्या और उसके परिवार को पटाने के चक्कर में यहां-वहां करने लगा। अंशिका के घर भी खूब आने जाने लगा। एक दिन वह लोग शादी का एलबम देख रहे थे, तो करण को मौका मिला।

उसने काव्या की तरफ इशारा करके कहा-" यह कौन है? बड़ी अच्छी लड़की है। अरे हां, हां यह तो शायद वह डांस वाली लड़की है।" (करण ने अनजान बनने का नाटक करते हुए पूछा)

अंशिका की मम्मी-"यह तो काव्या है ।अंशिका की सबसे प्यारी दोस्त ।तुझे पसंद है?"

करण- "हां अच्छी तो लग रही है।"

अंशिका की मम्मी -"अच्छी लग नहीं रही। यह अच्छी ही है। बल्कि बहुत अच्छी है। तुझे शादी करनी है इससे?"

करण यह सवाल सुनकर सकपका गया। वह तो वैसे इसी फिराक में था कि किसी तरह बात कुछ आगे बढ़े। पर एकाएक इस सवाल से हड़बड़ा गया।

करण -"आप कह रही हैं तो जरूर अच्छी होगी। आप के कहने पर तो इससे शादी क्या मैं ऊपर से छलांग भी लगा सकता हूं।"

अंशिका की मम्मी -"तो अच्छी बात है। चल तेरे लिए मैं इन लोगों से शादी की बात करती हूं।"

"सिर्फ इनसे ही नहीं मेरे मम्मी पापा से भी बात करनी होगी।" करण ने कहा।

अंशिका की मम्मी-" वाह बेटा, सारा काम मेरे से ही करवाएगा।"

करण - "जी आंटी, वो इसलिए आपको यह काम सौंपा है (अंशिका की मम्मी के कंधे पर हाथ रखते हुए कहा) कि आप यह काम बहुत अच्छे से कर सकती हैं। दोनों हंसते हैं

अंशिका की मम्मी ने फिर काव्या के घर जाकर करण के बारे में बात छेड़ी। वह लोग अंशिका की शादी में करण से मिल चुके थे। तत्काल तो काव्या के माता-पिता ने हामी नहीं भरी ।लेकिन करण के बारे में पता किया तो सब ठीक था।

फिर तो काव्या और करण की शादी का फैसला भी कर लिया गया। जल्द ही रिंग सेरिमनी भी होनी थीं।

इधर अंशिका हनीमून से लौटकर नोएडा आ गई थी। राज कभी नोएडा, तो कभी विदेश में रहता था। जब उन दोनों को काव्या और करण की शादी की बात पता चली तो दोनों बहुत खुश हुए।

अंशिका ने मायके जाने का प्रोग्राम तो बना लिया ,पर यह नहीं समझ में आ रहा था कि राज का क्या प्रोग्राम रहेगा। खैर उसे तो जाना ही था। अंशिका और काव्या एक दूरारे से मिलने को बेचैन थीं। दोनों ढेर सारी बातें करना चाह रही थीं।

इतने दिनों क्या-क्या हुआ और कैसे-कैसे हुआ। सब बातें दोनों एक दूसरे को बताना चाह रही थी। दोनों को लग रहा था कि, कब एक दूसरे से मिलें और सारी बातें शेयर करें।

खैर, रिंग सेरिमनी से दो दिन पहले राज आया और तुरंत अंशिका के साथ अंशिका के घर पहुंच गया। उन लोगों का प्रोग्राम अनिश्चित था कि -कब पहुंचेंगे। पर राज और अंशिका को दरवाजे पर देख अंशिका की मम्मी की खुशी का ठिकाना नहीं रहा।

दो दिन कैसे गुजर गए यह किसी को पता नहीं चला। करण और काव्या की रिंग सेरेमनी वाले दिन राज और अंशिका वहां पहुंचे। काव्या दौड़कर खुशी से अंशिका

के गले लग गई। उलाहना भी दिया - "अब टाइम मिला है तुम लोगों को यहां आने का"।

अंशिका मुस्कुराने लगी। राज काव्या को भाभी कहकर चिढ़ाने लगा। काव्या ठुनकती हुई राज के पीछे दौड़ी-" अभी बताती हूं आपको जीजू। हां , मैं भाभी हूं? बोलिए मैं भाभी हूं।"

राज -"मेरे तो दोनों हाथ में लड्डू हैं। चाहे भाभी हो चाहे साली आधी घरवाली हो।"

दोनों को काव्या की मां ने आकर रोका - "अरे आज तो शांति से बैठो"। फिर राज से बोलीं -"राज, देखिए सब इंतजाम ठीक है ना? कोई कमी तो नहीं रह रही है?"

राज -" नहीं आंटी, कोई कमी दिख तो नहीं रही। पर आप चिंता मत कीजिए। कुछ होगा तो मैं संभाल लूंगा। अभी तो मैं यहां अंशिका को छोड़ने आया था। अब मैं जा रहा हूं। शाम को करण को लेकर ही आऊंगा।"

काव्या की मम्मी - "कुछ खा तो लीजिए, फिर जाइएगा।" राज - "नहीं आंटी, अभी तो मेरी सासू माता ने कुछ ज्यादा खातिरदारी कर दी है। शाम को आपसे खातिरदारी करवा लूंगा। आफ्टर ऑल दूल्हे का भाई जो हूं। हक बनता है मेरा।" सभी हंसते हैं।

इधर काव्या अंशिका का हाथ पकड़े उसे ऊपर से नीचे तक देख रही थी।

अंशिका ने पूछा- "क्या हुआ? ऐसे क्यों देख रही है।"

काव्या -"कुछ नहीं। बस देख रही थी की शादी के बाद तू और ज्यादा सुंदर लग रही है।"

अंशिका -"शादी के बाद सभी सुंदर लगते हैं। जब तेरी शादी हो जाएगी, तो तू भी बहुत खूबसूरत लगेगी।"

काव्या -"अच्छा कमरे में चलते हैं। तुमसे बहुत सी बातें पूछनी हैं, और कुछ बातें बतानी है।"

दोनों कमरे में आ गई। कुछ देर बातें करने के बाद काव्या ने कहा -" यार तुझसे बात करके अब भूख लग रही है।"

अंशिका -"तेरे पेट की बात निकल गई और तेरा पेट खाली हो गया। इसीलिए अब भूख लग रही है।" काव्या और अंशिका दोनों खिलखिला कर हंस पड़ीं।

काव्या की मम्मी ने आकर कहा - "तुम लोग यहां क्या कर रही हो। जल्दी से ब्यूटी पार्लर हो आओ, नहीं तो तैयार होने में देर हो जाएगी।"

काव्या - "मम्मी मुझे जोरों की भूख लगी है। कुछ खाने को दे दो।"

काव्या की मम्मी बोली -"देख ले अंशिका सुबह से कह रही हूं, पहले कुछ खा ले। बाद में पता नहीं टाइम मिलेगा कि नहीं ।और अब देखो इसे भूख लग गई है।"

अंशिका -"आंटी इसके पेट में जो बातें थी ना वो कुछ बातें अभी -अभी खाली हुई है। इसीलिए मैडम जी के पेट में जो जगह बनी तो लगे चूहे कूदने।" हा हा हा सभी हंसते हैं।

काव्या की मम्मी -"ठीक है जल्दी -जल्दी खा लो और तुम दोनों पार्लर चली जाओ। और हां ,टाइम से आ जाना।"

काव्या और अंशिका मुंडी हिलाती हैं। दोनों खाना खाकर कुछ ही देर में पार्लर चली जाती हैं। शाम को बहुत ही सुंदर ढंग से काव्या का इंगेजमेंट हो जाता है। राज दोनों तरफ से था इसीलिए काव्या की मम्मी बीच-बीच में राज से पूछ जाती थीं- "सब ठीक से हो रहा है ना? कोई कमी तो नहीं लग रही है? यदि कोई कमी लगे तो चुपचाप मुझे बता जाना।"

राज मुस्कुरा कर उन्हें आश्वस्त करता है। इंगेजमेंट के एक सप्ताह बाद करण और काव्या की शादी हो गई। दोनों सहेलियां दुःखी मन से कि -अब पहले जैसा साथ नहीं रहेगा यह सोचते हुए अपने -अपने घर यानी ससुराल चली गई।

अंशु भी अब नोएडा आ गई। बीच-बीच में काव्या और करण के बारे में अंशु को

थोड़ा बहुत पता चलता था। कहां कहां घूमने गए। और भी बहुत कुछ। पर काव्या और अंशु में बात कम होने लगी थी। दोनों अपनी -अपनी दुनिया में मगन रहने लगीं।

दो साल जाते-जाते करण और काव्या के रिश्ते में खटास आने लगी। करण काव्या को किसी न किसी तरह से परेशान करने लगा। काव्या मानसिक तौर पर परेशान रहने लगी। वह अनमनी सी, चुप-चुप सी रहने लगी।

बात यहां तक पहुंच गई कि करण, काव्या को छोड़कर अपने दोस्तों के साथ रहने लगा। करण की मां काव्या को तरह-तरह की बातें सुनाने लगी उसे ताना मारने लगी। कभी बच्चा ना होने पर ताना, तो कभी तू लड़की ही ठीक नहीं है। यही सब बातें सुनाने लगी।

इन सब बातों से बचने के लिए काव्या ने नौकरी पकड़ ली और उसमें अपना मन लगाने लगी। इधर अंशिका की तबीयत बार-बार खराब हो जाती थी। जब भी वह प्रेग्नेंट होती तो कुछ ना कुछ गड़बड़ी हो जाती। फिर राज और अंशिका ने कुछ साल रुकने का फैसला किया।

अंशिका धीरे धीरे स्वस्थ होने लगी। काव्या की जिंदगी के बारे में अंशिका को कुछ खबर नहीं थी और ना ही अंशिका की जिंदगी के बारे में काव्या को कुछ खबर थी।

(वर्तमानसमय)

अब इतने सालों बाद काव्या और अंशिका की मुलाकात होने वाली थी अंशु, काव्या का बेसब्री से इंतजार कर रही थी। उसे कुछ बातें अपनी जिंदगी के बारे में काव्या को बतानी थीं तो ,कुछ काव्या की जिंदगी के बारे में सुननी थी।

अंशु के लिए यह समय काटना मुश्किल हो रहा था। लग रहा था कि ना जाने कितने ही घंटों से इंतजार कर रही है। जब डोर बेल बजी अंशिका दरवाजे की तरफ भागी और दरवाजा खोला। सामने काव्या को देखकर फौरन उसके गले लग गई और रोने लगी।

बहुत देर तक दोनों दरवाजे पर ही एक दूसरे को गले लगाए खड़ी रहीं। जब होश आया तो अंशिका काव्या का हाथ पकड़े अंदर आ गई। फिर उसका सामान अंदर किया काव्या को सोफे पर बिठाकर पानी लेने चली गई।

पानी लाकर उसके हाथ में थमाते हुए पूछा -"तू कैसी है काव्या? इतने सालों से तेरी कोई खबर ही नहीं मिली मुझे।"

काव्या -" हां यार, पता नहीं कैसे इतना समय बीत गया। अब मेरा ट्रांसफर नोएडा हो गया। तो यहां आकर होटल में रुकी। फिर मुझे पता चला तू यहीं है, तो तेरा नया नंबर लिया है। उसके बाद तुझे फोन कर डाला।"

इतना कहकर वह अंशिका को देखकर मुस्कुराने लगी।

अंशु -"हां तेरे पास यह नंबर नहीं था। ये नंबर अभी लिया है। अच्छा हुआ तेरा ट्रांसफर यहीं हो गया। अब हम साथ रहेंगे।"

काव्या -" हां मुझे इसी बारे में बात करनी थी तुझसे। मुझे अब यहीं रहना है, इसलिए फ्लैट चाहिए था किराए पर।और मैं तेरे आसपास ही घर लेना चाह रही थी।"

अंशु -"नहीं-नहीं, कहीं अलग रहने की जरूरत नहीं है। मेरे घर में बहुत जगह है। सिर्फ मैं ही यहां रहती हूं। राज तो ज्यादातर बाहर ही रहते हैं। मुझे भी एक साथी मिल जाएगा । फिर मुझे तेरा और राज का साथ मिलता है तो मुझे किसी और की जरूरत नहीं लगती।"

काव्या -" यदि किसी को परेशानी नहीं होगी, तो मेरे लिए भी यही अच्छा रहेगा। मुझे भी एक साथी की जरूरत है ही और-
" तेरा साथ है तो ,मुझे क्या कमी है।
अंधेरों में भी, मिल रही रोशनी है।"

यह गाना गुनगुना दिया। दोनों मुस्कुरा उठी यह गाना दोनों अक्सर एक साथ

गुनगुनाया करती थीं।

अंशु -" बता ,क्या खाएगी?"

काव्या -" अब तो बस बातें करनी है तेरे साथ। फिर दोनों मिलकर बनाएंगे और खाएंगे।" (हा हा हा हा)

अंशिका -"अच्छा सुन, चल तुझे कमरा दिखा दूं। वहां अपना सामान अनपैक कर और फ्रेश हो जा।

अंशु काव्या को एक कमरे में ले जाती है।

काव्या -"वाह यार , यह कमरा तो बहुत सुंदर है। वाह ए.सी. भी लगा है।"

अंशु -"अब बता, दो लोगों के लिए यह घर छोटा है क्या? (सामने के कमरे की ओर दिखाते हुए) उसमें कोई गेस्ट आते हैं तो रहते हैं। मेरा और राज का कमरा इसी बाथरूम के बगल वाला है।"

काव्या -"राज जीजू यहां बहुत कम रहते हैं क्या?"

अंशु - "हां, एक पैर यहां तो दूसरा पैर विदेश में रहता है इनका। (हंसती है) और तेरा और करण का क्या चल रहा है? कुछ -कुछ सुनने में आ रहा था। तुझसे कोई बात नहीं हो रही थी। मुझे सुनी सुनाई बातों पर कभी यकीन नहीं होता है। और तुझे तो मैं बहुत अच्छी तरह जानती हूं।"

काव्या -"बताऊंगी, सब बताऊंगी। मेरा और कौन है जिसे मैं अपनी सब बातें बता सकूं या कुछ शेयर कर सकूं।"

अंशु -"ठीक है, जब मन करे तब बता देना। अभी यह बता ज्वाइन कब करना है?"

काव्या -"अभी तो मेरे पास समय है। मैंने एक हफ्ते का समय लिया था घर खोजने के लिए। जब घर मिल गया है तो अब बाकी का पूरा समय तेरे साथ ही बिताना है।"

अंशु -"तो चल आज थोड़ा आउटिंग करने चलते हैं। चलेगी?"

काव्या -"चल थोड़ा घूमना हो जाएगा। बहुत सालों से हम साथ नहीं घूम पाए हैं।"

अंशु -"तुझे बुरा ना लगे तो अपनी और करण की बातें बताती चलना।"

काव्या -"हां -हां "

अब जो पांच दिन काव्या के पास बचे थे छुट्टी के, वह अपनी सबसे खास दोस्त अंशु के साथ बीत रहे थे। कुछ अच्छे पल तो कुछ पुरानी जिंदगी के, जो करण के साथ बीते थे। वह पल जो बहुत तकलीफदेह थे। सभी कुछ वह अंशु को बताने लगी।

काव्या अपनी बातें बताते-बताते उन दिनों में खो जाया करती थी।

शुरूआती दिनों में करण और काव्या खूब घूमे। हनीमून खत्म ही नहीं हो रहा था उन लोगों का। साल भर बाद बच्चा करने का प्रेशर आने लगा। फिर धीरे-धीरे करण के रंग ढंग बदलने लगे वह शराब पीता और इधर-उधर मौज मस्ती करने लगा।

इन सब बातों का जिम्मेदार घर के लोग काव्या को मानने लगे। काव्या ने करण को बहुत समझाया पर जब भी वह उसे समझाने जाती तो करण धक्का देकर काव्या को दूर कर देता।

करण के बाहर अफेयर भी बहुत थे, जिसमें वह लगा रहता था। उसके दोस्त उसका साथ देते थे। दो साल जाते-जाते करण, काव्या को छोड़कर कहीं और किसी दोस्त के घर जाकर रहने लगा।

काव्या अपने आप को संयत रखने के लिए नौकरी करने लगी । धीरे-धीरे काव्या सामान्य दिनचर्या जीने लगी। लेकिन उसके मन में जो हाहाकार मचा रहता था वह कोई दूसरा भांफ नहीं पाता था। नौकरी शुरू करने के कुछ दिन बाद सबने मानसिक दबाव दे दे कर इतना प्रेशर दिया कि -वह अलग घर लेकर रहने लगी थी।

ऐसा नहीं था कि सब ने धक्का देकर या जबरदस्ती करके घर से निकाला था। पर काव्या अपना मानसिक संतुलन सही रखने के लिए घर से अलग रहने लगी थी।

काव्या की सास को कभी-कभी बुरा भी लगता था काव्या के लिए। पर करण ने उनके दिमाग में काव्या के खिलाफ इतना जहर भर दिया था कि, वह अपने बेटे करण को इनोसेंट और काव्या को कसूरवार समझने लगी थी ।और करण का साथ हमेशा देती थी। ऊपर से पुत्र मोह से भी ग्रसित थी।

जब काव्या अलग रहने लगी तब उसने करण के बारे में बहुत कुछ उल्टा सीधा करते हुए सुना था। लेकिन वह करण को, अपने ससुराल को और मायका सब पीछे छोड़ चुकी थी।

ऐसा भी नहीं था कि काव्या को अपने मायके में रहने को जगह नहीं मिलती। पर वह मायके जाकर खुद को और अपने मां-बाप को दुखी नहीं देखना चाहती थी इसीलिए उसने नौकरी करनी शुरू की थी। जिससे उसे खुद को संभालने का जरिया मिल गया और मां पापा का उदास चेहरा देखने से भी बची रहती थी।

बात तो वह हमेशा फोन पर करती ही रहती थी और अपने ठीक-ठाक होने का अहसास उन्हें कराती रहती थी।

अंशिका, काव्या के जीवन की कहानी सुनकर स्तब्ध रह गई। उसे तनिक भी आभास नहीं था कि इतना कुछ हो गया। थोड़ा बहुत उसे सुनने को मिला था पर इतना कुछ हुआ इसका उसे एहसास नहीं था।

यह तो काव्या ने अपनी कहानी कम शब्दों में ही अंशिका को बताया था। पर अंशिका इतने में ही पूरी तरह दुःखी हो गई।
काव्या ने अपनी बात रोकते हुए अंशिका की जिंदगी के बारे में पूछा।

अंशिका ने कहा -"एकदम मस्त चल रही है हमारी जिंदगी।"

काव्या -"तो बच्चे का प्लान अभी तक क्यों नहीं किया?"

बच्चे की बात सुनकर अंशिका उदास हो गई। काव्या ने पूछा -"क्या बात है? मुझे बता ना। तू उदास क्यों हो गई।"

अंशिका " यार, बहुत कोशिश की शुरू -शुरू में दो तीन बार प्रेग्नेंट भी हुई। पर हर

बार कोई न कोई प्रॉब्लम हो जाती थी। फिर हमने कुछ साल रुकने का फैसला किया और अब कोशिश करने पर भी कुछ नहीं हो रहा"

काव्या -"तुम दोनों ने जांच करवाया?"

अंशिका -"हां, कई बार हमने जांच करवाया है। पर भगवान को शायद कुछ और ही मंजूर है।"

दोनों कुछ देर शांत होकर बैठी रहती हैं। अब दोनों कुछ हल्का महसूस कर रही थीं अपनी-अपनी बातें शेयर करके।

अंशिका ने काव्या को यह भी बताया था की- 'राज और उसे बच्चे का कितना शौक है।'

काव्या सोचने लगी – 'इन्हें बच्चा चाहिए, तो भगवान इन्हें देता नहीं है और उधर करण खुद बच्चा करने से दूर भागता था और सारा इल्जाम काव्या पर डाल देता था।'

अगले दिन काव्या ने नौकरी ज्वाइन की, तो सभी ने उसका गुलदस्ते से वेलकम किया। धीरे-धीरे काव्या और अंशिका फिर से सब कुछ भूल कर पहले की तरह रहने लगीं।

अंशिका ने काव्या को भी अपने साथ ही सोने के लिए कह दिया था। रोज रात को दोनों बातें करते-करते या मूवी देखते-देखते सो जाती थीं।

एक दिन ऑफिस की किसी पार्टी में काव्या को किसी ने चुपके से ड्रिंक में कुछ मिलाकर पिला दिया। जिससे वह ठीक से चल भी नहीं पा रही थी। ऐसा नहीं था कि काव्या ने कभी ड्रिंक नहीं चखा था। करण उसे रोज रात को जबरदस्ती थोड़ा सा ड्रिंक पिला ही देता था।

इसीलिए काव्या कभी किसी ओकेजन पर ड्रिंक ले लिया करती थी। पर आज के दिन शायद किसी ने बदमाशी की थी, और कुछ ज्यादा नशीला चीज पिला दिया था। ऑफिस की ही एक लड़की ने काव्या को सही सलामत घर तक पहुंचा दिया

था। उसे यह अंदाजा हो गया था की काव्या के नशे में होने का कोई फायदा उठा सकता था।

अंशिका ने काव्या को इस हालत में देखा तो परेशान हो गई। उस लड़की को धन्यवाद दिया और काव्या को अंदर अपने बेडरूम में ले गयी। उसे नहला कर कपड़े बदलवाया। काव्या नशे की हालत में भी सारे काम ठीक से कर तो रही थी फिर भी अंशिका बाथरूम के दरवाजे पर खड़ी थी, ताकि संभाल कर उसे बेड तक ला सके।

जब काव्या को बेड पर अंशिका ने बिठाया तो काव्या से पूछा कि - "कैसा लग रहा है?"

काव्या अभी भी नशे में थी, पर उसने लड़खड़ाती आवाज में कहा - "मैं ठीक हूं, बस सोना चाहती हूं।"

अंशिका - "ठीक है, तू सो जा। मैं हॉस्पिटल जा रही हूं। लता आंटी की तबीयत ठीक नहीं है। मुझे आज रात उनके पास हॉस्पिटल में रुकना पड़ेगा। मैं रुक जाऊं?"

काव्या -"हां चली जा, मैं तो सो जाऊंगी। तुम बाहर से लॉक करके चली जाना।"

अंशिका -"अपना ध्यान रखना। मैं बाहर से दरवाजा बंद करके जा रही हूं । रात में कोई जरूरत हो तो फोन कर लेना। सुबह तो आ ही जाऊंगी।"

दो दिन बाद राज का जन्मदिन आ रहा था।उसी रात को एक बजे, राज सरप्राइस देने आ गया। राज, अंशिका को चुपचाप सरप्राइज देना चाहता था।

उसने धीरे से दरवाजा खोला और कमरे में आ गया। देखा अंशिका आवाज होने पर भी नहीं उठी, तो राज ने सोचा बहुत गहरी नींद में सो रही है उसने बिना कुछ आवाज किए बाथरूम में जाकर फ्रेश हो गया और अपने बेड पर आ गया।

रात में उसने अंशिका को खूब प्यार किया और चुपचाप सो गया। लेकिन 2 घंटा सोने पर ही लगभग 5:00 बजे उसे ऑस्ट्रेलिया से फोन आ गया। वह चुपचाप उठकर छत पर आ गया और वहां बात करने लगा।

छत वाले रूम में सोफा पर बैठा वह बातें कर रहा था। बिजनेसमैन होने के चलते उसे उसी समय वह कॉल लेना ही था। क्योंकि ऑस्ट्रेलिया में उस समय ऑफिस का समय था। दो घंटे बात करने के बाद ,वह वही सो गया।

इधर सुबह सात बजे के आसपास काव्या की नींद खुली। उसे आज बहुत अच्छा लग रहा था, पर रात के ड्रिंक की वजह से सिर भारी हो रहा था। उसने नींबू पानी बनाया और पीकर वह सीधा बाथरूम में नहाने चली गई ।वह नहा ही रही थी कि उसी समय अंशिका हॉस्पिटल से वापस आई।

उसने देखा काव्या उठ गई है और नहा रही है। वह निश्चिंत हो गई ।उसने आवाज देकर पूछा -"तू ठीक है काव्या?"

काव्या -"हां, मैं ठीक हूं। तू आ गई? अच्छा मैं अभी नहा कर आ रही हूं। काव्या से बात करते-करते अंशिका को राज का बैग दिखा। वह खुशी से उछल पड़ी। फिर उसने सभी कमरे में उसे ढूंढा। वह नहीं दिखा तो उसे ढूंढते-ढूंढते वह छत पर आ गई। देखा राज सोफे पर सो रहा है।

अंशिका ने राज को उठाते हुए पूछा -"आप कब आए? मुझे सरप्राइज कर दिया। (और उसके गले लग गई) आप यहां क्यों सो गए?"

राज ने बताया -"ऑस्ट्रेलिया से फोन आ गया था । तो यहां आ कर बात करने लगा। नींद आ रही थी तो यहीं पर सो गया। मुझे खुद भी पता नहीं चला मैं यहां कब सो गया।"

दोनों बात करते-करते नीचे आ गये। काव्या राज को देख कर खुश हुई -"अरे जीजू ,आप आप कब आए?"

राज -"आज रात को ही आ गया साली साहिबा।"

काव्या -" ओ, याद आया। अब समझी। कल आपका जन्मदिन है ना, इसीलिए।"

"आज छुट्टी है तो क्यों न कहीं चलते हैं।"सभी ने पूरा दिन घूमने का प्रोग्राम

बनाया और बर्थडे शॉपिंग करने का भी।

तीनों ने जमकर मस्ती की और साथ में शॉपिंग की। रात को बाहर ही खाना खाकर घर आ गए।" राज ने कहा -"कितने दिनों बाद मैंने आज इतनी मस्ती की है।"अंशिका और काव्या ने भी हामी भरी।

राज काव्या को इस तरह खुश देखकर काफी खुश हुआ। उसे करण के बारे में पता चलता रहता था। उसे यह पता था कि किसकी गलती है इसीलिए वह करण से दूरी बनाकर रखता था। अंशिका को काव्या के बारे में सारी बात नहीं बताता था। वरना उसे बहुत दुःख होता। वह बच्चे को लेकर खुद परेशान रहती थी।

बहुत ही सादे ढंग से राज ने अपना जन्मदिन मनाया, फिर उसे वापस भी जाना था। वह खासकर जन्मदिन के लिए ही आया था। उसे बस अपना जन्मदिन अंशिका के साथ मनाना था। बिजनेस के चक्कर में राज भागा दौड़ी करते-करते थक जाता था।

राज कहने को अभी इंडिया में ही था लेकिन वह कभी इस शहर तो कभी उस शहर भागा भागी कर रहा था। दो महीने बाद काव्या की तबीयत थोड़ी खराब होने लगी। कभी उल्टी, कभी चक्कर ,कभी थकान, तो कभी कुछ। पर वह इन सब बातों को नजरअंदाज कर रही थी।

राज के अनसर्टेन प्रोग्राम के कारण अंशिका का ध्यान भी काव्या के ऊपर नहीं जा रहा था। लगभग तीन महीने की भागदौड़ के बाद राज ऑस्ट्रेलिया चला गया ।अब अंशिका का ध्यान काव्या पर गया तो अंशिका ने पूछा - "काव्या तेरी तबीयत तो ठीक है?"

काव्या - "नहीं, कुछ ठीक नहीं लग रहा। उल्टी जैसा लग रहा है, चक्कर भी आता है, थकान भी लगती है।"

अंशिका - "अरे तो मुझे बताया क्यों नहीं? कब से हो रहा है।"

काव्या -"यही एक डेढ़ महीने से।"

अंशिका -"क्या? एक डेढ़ महीने से। तू पागल है क्या? अभी चल डॉक्टर के पास। मुझे पहले ही बताना चाहिए था तुझे।"

दोनों डॉक्टर के पास जाते हैं डॉक्टर चेकअप करके बताती है कि काव्या प्रेग्नेंट है।

डॉक्टर के इतना कहने पर काव्या और अंशिका शॉक्ड हो गईं। दोनों ने एक दूसरे का चेहरा देखा पर कुछ कहते नहीं बन रहा था।

अंशिका ने डॉक्टर से पूछा -"कितने दिन हो गए?" डॉक्टर ने कहा -"ढाई से तीन महीने का है।"

अंशिका - "सब ठीक है ना डॉक्टर?"

डॉक्टर -"हां सब ठीक है। बस हर महीने एक बार चेक अप करवाते रहिए।"

काव्या कुछ नहीं बोल रही थी। अंशिका ने डॉक्टर को धन्यवाद दिया और काव्या को लेकर घर आ गई। अब काव्या घर आकर परेशान हो गई की यह बच्चा...?

अंशिका ने काव्या से पूछा -" कौन है वह? और मुझे बताया क्यों नहीं।"

काव्या ने कहा -" मुझे खुद नहीं पता कौन है वह?"

अंशिका चौंक गई -"क्या तुझे कुछ पता नहीं?"

काव्या ने कहा - "नहीं, मेरा तो करण के अलावा किसी के साथ रिश्ता बना ही नहीं।"

अंशिका -"यार, यह कैसे हो सकता है। यह तो ढाई से तीन महीने का बच्चा है। मतलब तू जब यहां आई है उसके बाद का।"

तब काव्या ने बताया कि -"जिस दिन मैं ड्रिंक करके आई थी। उस दिन मुझे यह लगा था जैसे मैं करण के साथ हूं। और करण मुझे खूब प्यार कर रहा है।"

अब अंशिका को समझते देर नहीं लगी। उसने यह जोड़ लिया कि उस दिन काव्या उसके कमरे में सो रही थी और राज उसी रात आया था उसे यह पता नहीं चला होगा कि मेरे बेड पर काव्या सो रही है। और काव्या तो नशे में चूर थी वह राज को करण समझ रही थी।

उसके दिमाग में तुरंत एक बात आई उसने काव्या को सारी बातें समझाईं की क्या और कैसे हुआ होगा। दोनों ने जब देखा सिचुएशन के हिसाब से सच में ऐसा ही हुआ था।

अब काव्या परेशान हो गई और उसने अंशिका से कहा -"यार मुझे माफ कर दे ,मैं नशे में थी। मैं यह नहीं समझ पाई कि वह राज जीजू हैं करण नहीं है। मुझे इतना समझना चाहिए था की करण को गए अब पांच साल हो चुके हैं। वह मेरे पास वापस नहीं आने वाला। मैं क्यों नहीं समझ पाई।" यह कहकर काव्या फफक-फफक कर रोने लगी । फिर उसने कहा - "मैं यह बच्चा गिरा दूंगी और यहां से कहीं चली जाऊंगी।"

अंशिका कुछ देर चुप रही और सोचती रही। और इधर काव्या लगातार रो रही थी। काव्या उससे माफी मांग रही थी। फिर अंशिका ने चुप्पी तोड़ी। उसे झकझोरा और बोली- "फिर कभी बच्चा गिराने की बात मत करना। मेरे दिमाग में एक बात आई है। मैं और राज बच्चा चाहते हैं और मुझे हो नहीं रहा। तू राज के बच्चे की ही मां बनने वाली है। तो इस तरह यह राज का भी बच्चा हुआ। इसे होने दे और इसे मैं अपना नाम दे दूंगी। हम दोनों मिलकर इसे पालेंगे।"

"इसे बाप का नाम भी मिल जाएगा मुझे बच्चे का सुख मिल जाएगा, और हम दोनों के सर से मां नहीं बनने का बोझ हट जाएगा तू मना मत कर। भगवान की शायद यही मर्जी थी तभी तो ऐसी सिचुएशन आई।"

"तू खुद सोच इसमें भगवान की मर्जी है कि नहीं। यदि उस दिन तू ड्रिंक नहीं करती, ना लता आंटी बीमार पड़तीं और ना ही राज उस दिन सरप्राइज देने अचानक से आता।"

"अब ये सब भगवान की मर्जी नहीं तो और क्या है। हम तीनों इस बच्चे को पालेंगे।

राज पिता हैं ही, तू मां है ही और मैं मां और मौसी दोनों हूं तो हम तीनों का यह बच्चा कहलाएगा।"

काव्या ने बिना किसी भाव के अंशिका का चेहरा देखा अंशिका ने मुस्कुरा कर कहा - "तू इधर-उधर की बातें सोचना छोड़। आगे मैं जैसे-जैसे कहती हूं, उसी तरह करना।"

"यदि तू मुझे खुश देखना चाहती है, तो इस बच्चे को तू जन्म देगी। "

"मुझे किसी की परवाह नहीं और ना ही तुझे होनी चाहिए। भ्रूण हत्या एक अपराध है और जहां तक इस समाज की बात है वह सिर्फ बातें बनाना जानता है। परेशानियों का हल कोई करने नहीं आता। ना ही कभी परेशानी में साथ देने आता है।"

अंशिका ने बहुत अनुनय विनय के साथ काव्या को मना लिया। फिर वह काव्या को काउंसलिंग करवाने भी ले गई। जिससे यह फायदा हुआ की काव्या भी बच्चे को जन्म देने के लिए खुशी-खुशी तैयार हो गई। उसे भी भ्रूण हत्या पसंद नहीं थी और ऊपर से यह तो अपना ही बच्चा था।

फिर अंशिका ने एक प्लान बनाया। उसने हर जगह यही बताया कि वह प्रेग्नेंट है। राज को भी ऐरा ही बताया। राज बेहद खुश हुआ। उन लोगों को तो कई सालों से इसका इंतजार था।

काव्या को बस इतना ही डर रह गया था कि- "वह झूठ बोल रही है।" अंशिका ने उसे समझाया कि - "तू झूठ नहीं बोल रही। बस सच छुपा रही है। कभी-कभी सच को छुपाना भी पड़ता है।"

दो महीने और बीत गये ।अब अंशिका ने अपने प्लान पर काम करना शुरू कर दिया। काव्या को साल भर की छुट्टी लेने को कहा। पर उसकी कंपनी में बिना रीजन बताएं, छुट्टी देने से मना कर दिया। तो अंशिका ने जोर देकर काव्या को रिजाइन करने के लिए कहा ।

अंशिका ने कहा-" इससे बड़ी चीज और कोई नहीं है दुनिया में । नौकरी तो आती

जाती रहेगी ।"

काव्या ने रिजाइन दे दिया । पांचवा महीना खत्म होते-होते लोगों से यह छुपाना मुश्किल हो गया। अब पेट दिखने लगा था। अंशिका ने अपने प्लान के मुताबिक छह महीने के लिए दार्जिलिंग जाने का प्रोग्राम बना लिया था। दोनों अब उसी प्लान के हिसाब से दार्जिलिंग चली गई।

अंशिका ने सबको आने से मना कर दिया था। कहा था "डॉक्टर ने बहुत प्रिकॉशन लेने को बोला है। मेरी देखभाल करने के लिए लोग हैं। ज्यादा भीड़ नहीं करना है। मन शांत रखना है।"

राज को भी बता दिया कि- "मैं दार्जिलिंग जा रही हूं। वहां छः महीने रहूंगी। तुम चिंता मत करना। मैं जानती हूं, तुम्हें मेरे पास रहने का मन कर रहा है। लेकिन तुम काम पर ध्यान दो यहां मेरे पास काव्या है।"

इस प्रकार वह अपनी बातों से सभी को निश्चिंत किया और दार्जिलिंग चली गई। वहां काव्या ने एक स्वस्थ बेटे को जन्म दिया। काव्या भी अपने बेटे को देखकर बहुत खुश हुई। उसने अंशिका का शुक्रिया अदा किया।

जब बच्चा दो महीने का हो गया, तो दोनों वापस नोएडा आ गए। अब उन्हें किसी से कुछ कहने की जरूरत नहीं थी। सब काम प्लान के मुताबिक हो चुका था। काव्या भी बेटे के आने पर बहुत खुश थी। अंशिका ने बच्चे का नाम काव्यांश रखा। काव्या ने उसे टोका की काव्यांश रखने पर तो लोग तरह-तरह के सवाल करेंगे।

अंशिका ने कहा -"तू चिंता मत कर। लोगों को जवाब मैं दे दूंगी। वैसे भी यह सवाल तुझसे कोई नहीं करेगा।"

काव्या ने कहा -" पर लोग मुझे बुरा भला कहेंगे।"

अंशिका ने जवाब दिया - "तो इसकी चिंता तू क्यों करती है। लोगों को जवाब देने के लिए मैं हूं ना। बस तू काव्यांश का ध्यान रख। और सुन यह सिर्फ तेरा ही बेटा नहीं मेरा भी बेटा है।"

काव्या ने कहा -"बिल्कुल सही ,तेरा भी बेटा नहीं, तेरा ही बेटा है।"

अंशिका बोली - "अब हम लोग आराम से रहेंगे। देख इस फैसले से कितने लोगों की जिंदगी संवर जाएगी। सबसे पहले तो तू इस ग़म से बाहर आ गई कि तुझे बच्चा नहीं हो सकता। मैं इस ग़म से बाहर हो गई कि मेरे कोई बच्चा नहीं है। राज ने जो सहा है बच्चे के लिए वह सारे कष्ट वह भूल जाएगा।"

"रहा समाज का सवाल । तो यह समाज ना कभी किसी के लिए अच्छा सोचता है और ना किसी को अच्छे से रहने देता है। उन्हें हर बात में बस कुछ ना कुछ खराबी दिख जाती है। इसलिए समाज की चिंता तो कभी करना नहीं।

" तुमने मुझे यह बच्चा देकर, मुझ पर उपकार ही तो किया है। यदि हम सरोगेसी के थ्रू बच्चा करते तो फिर भी तो यही सब करना पड़ता। इससे अच्छा है कि ,मुझे मेरी सहेली से ही यह बच्चा मिला। बाकी सच्चाई हम दोनों जानते ही हैं। और यह किसी और को जानने की जरूरत भी नहीं है। अब इसका नामकरण धूमधाम से करेंगे।"

नामकरण में उसका नाम काव्यांश रखा गया। सब ने पूछा कि काव्यांश क्यों रखा है? तो अंशिका बोली कि- "सबसे पहली बात तो काव्यांश नाम मुझे बेहद पसंद है। दूसरी बात यह मुझे काव्या के साथ होने का एहसास भी दिलाता है। हम दोनों दोस्त ने यही प्लान बनाया था कि जिसे भी पहली बार बच्चा होगा, उसका नाम हम दोनों अपनी-अपनी नाम के साथ मैच करके नाम रखेंगे।

"यह काव्या और अंशु नाम मिलाकर बनाया है। हम दोनों के दोस्ती के नाम पर।" इस प्रकार बातें कहकर अंशिका ने सभी का मुंह बंद किया। फिर किसी ने इस तरह का कोई सवाल पूछा भी नहीं।

अब धीरे-धीरे काव्यांश बड़ा होने लगा। जब घर में कोई नहीं रहता, तब तो कोई दिक्कत नहीं होती थी। किंतु जब राज घर में होता था तब थोड़ा संभल कर रहना होता था। लेकिन राज से सारी बातें छुपा कर रखना मुश्किल हो रहा था, फिर भी किसी तरह अंशिका और काव्या ने राज से यह बात छुपा कर रखी की काव्यांश की मां अंशिका नहीं काव्या है।

राज को यह देख कर थोड़ा अजीब लगता था कि- 'काव्यांश ज्यादातर समय काव्या के साथ रहता था, अंशिका के साथ नहीं। काव्यांश का सारा ध्यान काव्या को रखते देख अंशिका को राज ने टोका भी था।

अंशिका ने बताया -"काव्यांश का ध्यान काव्या मुझसे बेहतर तरीके से रखती है, और उसकी जिंदगी में जो सूनापन है ,वह भी थोड़ा कम हो जाता है। इसीलिए मैंने काव्यांश का काम काव्या को सौंप रखा है।"

"वैसे तो हम दोनों ही उसका पूरा ख्याल रखते हैं। लेकिन जब आप आते हैं, तब मैं आप पर भी ध्यान देती हूं, इसीलिए आपको ऐसा लगता है कि मैं काव्यांश का ध्यान नहीं रखती , सिर्फ काव्या रखती है। लेकिन आपका ध्यान और कोई तो नहीं रख सकता मुझे ही रखना है। इसीलिए मैं आप को संभालती हूं और काव्या काव्यांश को संभालती है।

राज को तो अंशिका ने यह कहकर समझा दिया और वह समझ भी गया , लेकिन जब अंशिका की मम्मी अपने नवासे को देखने आईं , तो अंशिका और काव्या सचेत हो गए। फिर भी अंशिका की मम्मी ने यह भांफ लिया कि –'कुछ तो गड़बड़ है'।

उन्होंने चुपचाप सभी बातों को गौर से देखना शुरू कर दिया। फिर एक दिन अंशिका की मम्मी ने दोनों को बिठाकर सच जानना चाहा। तो अंशिका ने मम्मी को सारा सच बता दिया। अब अंशिका की मम्मी के आंखें भर आईं।

उन्होंने काव्या का माथा चूम लिया और कहा - "बेटा तुमने जो काम किया है, वह कोई और नहीं कर सकता। मैं भी नहीं। तुमने अंशिका की झोली में वह डाला है, जिसके लिए अब तक राज और अंशिका दुःखी थे, तड़प रहे थे ।तेरे आगे मेरा सिर झुक गया। तुम हमेशा सुखी रहो।"

"जो सुख भगवान ने इसकी झोली में नहीं डाला था वह तुम ने डाला है। या शायद भगवान यही चाहता था कि यह कमी तू पूरा करें। मैं तेरे आगे नतमस्तक हूं।"

अंशिका की मम्मी ने काव्या को और अंशिका, काव्यांश को ढेर सारा आशीर्वाद दिया। वह काव्या को अच्छी तरह जानती थीं। इसलिए उसके मनोभावों को भी समझ रही थीं। उन्होंने भी काव्या को यही समझाया कि-" तुमने इसे जन्म देकर

बहुत अच्छा किया। पहला यह कि तुम भ्रूण हत्या के पाप से बच गईं। और दूसरा इससे किसी और के घर को तुमने खुशहाल कर दिया।"

अंशिका की मम्मी दो-तीन दिन वहां रुक कर वापस चली गईं।

काव्यांश अब तीन साल का होने चला था। उसकी पढ़ाई पर अब सभी ध्यान देने लगे थे।

इसी बीच एक दिन करण की मां काव्यांश को देखने के लिए आईं। चूंकि राज को इतने सालों बाद बेटा हुआ था ,तो वह उन्हें बधाइयां देने आई थीं। लेकिन जब उन्होंने काव्या को वहां देखा तो नाखुश हो गईं। फिर भी काव्या को इग्नोर करते हुए उन्होंने ढेर सारी बधाइयां राज और अंशिका को दिया। बहुत सारी बातें कीं। लेकिन काव्यांश का काव्या के साथ इतना घुल मिलकर रहना उन्हें पसंद नहीं आया।

वो बीच-बीच में काव्या को ताना दे दिया करती थीं। और अंशिका से कहा कि-"यह खुद तो बच्चा नहीं कर सकती। तू अपने बेटे को इसके साथ ज्यादा घुलने मिलने मत दे।"

इस पर अंशिका ने जवाब दिया -"मामी जी, पहले तो मैं इन सब बातों को नहीं मानती। और जहां तक काव्या की बात है, तो कमी काव्या में नहीं करण में है। पहले आप करण पर ध्यान दीजिए फिर काव्या पर दीजिएगा।"

करण की मम्मी यह जवाब सुनकर गुस्से से वहां से निकल गईं लेकिन काव्या के जख्म हरे हो गए थे। वह फिर से चुप चुप सी रहने लगी और अंदर ही अंदर घुटने लगी।

इधर करण की मम्मी जाते-जाते आस पड़ोस में उल्टी-सीधी बातें फैला कर निकल गईं। आस पड़ोस के लोग भी कुछ न कुछ बातें करने लगे जिससे काव्या परेशान रहने लगी।

एक दिन काव्या चुपचाप बिना किसी से कुछ कहे घर से निकल गई। वह इधर-उधर भटकने लगी। उसे यह समझ में नहीं आ रहा था कि उसे कहां जाना चाहिए। वह एक पेड़ के नीचे बैठकर सोचने लगी। काव्या ने सोचा कि -'अब क्या करना चाहिए।' तभी वहां तीन बुजुर्ग एक साथ बैठे बातें कर रहे थे। जिनमें से एक बुजुर्ग

की तबीयत खराब हुई।

वे सभी वृद्ध आश्रम में रहते थे। उन बुजुर्गों ने काव्या से मदद मांगी काव्या ने उन लोगों को किसी तरह वृद्ध आश्रम पहुंचाया। उसने उनकी खूब सेवा की।

वृद्ध आश्रम के केयरटेकर ने काव्या को देखा तो पूछा कि -"आप क्या काम करती हैं?"

काव्या ने बताया कि - "फिलहाल कुछ नहीं करती" तो केयरटेकर ने पूछा - "क्या आप मेरे इस वृद्ध आश्रम के लोगों की सेवा करेंगी?"

काव्या को तुरंत रास्ता मिल गया उसने 'हां' कर दिया। और यह सोचा की मुझे इस वृद्ध आश्रम में कोई ढूंढने भी नहीं आएगा। मैं यहां आराम से रह सकती हूं, जिससे किसी की जिंदगी में कोई खलल भी नहीं पड़ेगा। राज और अंशिका काव्यांश का ध्यान रख लेंगे और उन दोनों के बीच कभी किसी तरह की परेशानी नहीं आएगी।

वैसे राज को काव्या से कोई परेशानी नहीं थी। लेकिन काव्या को यह डर सता रहा था कि, यदि राज को यह पता चल गया की काव्यांश राज और अंशिका का नहीं राज और मेरा बेटा है तो वह काव्यांश को अपनाने से इंकार ना कर दे। इसीलिए उसने यह दूरी बनाना बेहतर समझा।

धीरे-धीरे समय बीतता गया काव्या बुजुर्गों की सेवा में इतनी मशगूल हो गई कि उसे अपना सुख-दुःख और अपनी बीती जिंदगी सोचने का समय ही नहीं मिलता था।

उधर अंशिका धीरे-धीरे बीमार होने लगी। उसे यह गिल्ट होने लगा था कि उसके कारण काव्या सारे कष्टों से जूझ रही है। पता नहीं वह कहां और कैसे होगी। यही सब सोचते सोचते अंशिका का शरीर गलने लगा था। वह एकदम दुबली पतली हो गई। धीरे-धीरे वह इतनी कमजोर हो गई कि उसका चलना फिरना भी मुश्किल हो गया।

अंशिका ने बिस्तर पकड़ लिया। राज अब बाहर विदेश नहीं जाता था। उसने काव्यांश और अंशिका का ध्यान रखना शुरू किया। वह अपना बिजनेस यहीं से

चलाने लगा।

अंशिका को इस हाल में देखकर उसे बिल्कुल अच्छा नहीं लग रहा था। अब काव्यांश भी नौ साल का हो गया था। अब अंशिका ने सोचा कि मेरी जिंदगी का कोई ठिकाना नहीं है , इसीलिए राज और काव्यांश को सच्चाई बता देनी चाहिए।

अंशिका ने राज और काव्यांश को अपने पास बिठाया फिर राज और काव्यांश को यह बताया कि -"काव्यांश राज और अंशिका का नहीं राज और काव्या का बेटा है।" फिर अंशिका ने राज को सारी बातें विस्तार से बताई।

अंशिका ने काव्यांश को काव्या का फोटो दिखा-दिखाकर उसे काव्या मां कहने को ही सिखा दिया था। वह बात-बात में काव्यांश के मन में काव्या के लिए प्यार भरती रहती थी। जिससे काव्यांश भी बिना मिले ही काव्या से बहुत नजदीकी महसूस करता था।

राज ने जब यह बात सुनी तो अंशिका से कहा कि -अंशिका तुम्हें यह बात मुझे पहले बता देनी चाहिए थी। तुम लोगों को ऐसा क्यों लगता था कि मैं अपने बच्चे को अपनाऊंगा नहीं । उसे भले तुमने नहीं ,काव्या ने जन्म दिया । लेकिन है तो मेरा ही बेटा।

सोचो बेचारी काव्या को कितना कष्ट हुआ होगा। पता नहीं उसने यह घर क्यों छोड़ा। मुझे तो कुछ समझ में नहीं आ रहा है।

अंशिका ने कहा "वह लोगों के ताने सुनना नहीं चाहती थी। उसे तरह-तरह के ताने कभी न कभी सुनने को मिल ही जाया करते थे। मुझे लगता है इसीलिए वह हम लोगों को छोड़कर कहीं चली गई।"

उसने एक दो बार यह बोला भी था कि- 'मेरे कारण तुम लोगों की जिंदगी में कोई परेशानी नहीं आनी चाहिए। मुझे यहां से चले जाना चाहिए।'

मैंने उसे समझाया भी था लेकिन शायद वह मानसिक पीड़ा से बचना चाह रही थी। इसीलिए चली गई। अब तुम दोनों उसे कहीं से भी किसी भी तरह से ढूंढ कर लाओ। मुझे उससे माफी मांगनी है मेरे कारण उसने सिर्फ कष्ट ही देखा है।"

काव्यांश बोला-"मां तुम परेशान मत होना । मैं काव्या मां को जरूर ढूंढ कर लाऊंगा।"

राज ने काव्यांश के सिर पर हाथ फेरा। काव्यांश अंशिका के गोद में सिर रख कर लेट गया। कुछ देर सब इसी तरह रहे।

फिर राज ने कहा -" अंशिका, तुम चिंता मत करो। मैं कहीं से भी काव्या को ढूंढ कर लाऊंगा। और उसे पूरे सम्मान के साथ अपने यहां ही रखूंगा। उसे कहीं नहीं जाने दूंगा। उसने अपनी जिंदगी में बहुत कष्ट देखे हैं। अब उसके कष्ट का निवारण मैं करूंगा। इतने दिनों तक शायद मेरे ढूंढने में कोई कमी रह गई थी, इसीलिए वह अभी तक नहीं मिली है।"

अंशिका ने उसे देखा और मुस्कुरायी फिर बोली -" मेरे मरने से पहले उसे मेरे पास ले आना, प्लीज।"

काव्यांश ने कहा -"मां, गंदी बातें नहीं करते। मैं काव्या मां को ढूंढ कर लाऊंगा और फिर हम लोग साथ में रहेंगे।"

कुछ दिनों बाद काव्यांश के दोस्तों ने देखा कि काव्यांश उदास-उदास सा रहता है ।तो उसके दोस्तों ने पूछा -"काव्यांश क्या हुआ है तुम्हें ?तुम परेशान क्यों हो?"

काव्यांश ने कहा -"मेरी मां बहुत बीमार हैं और वह काव्या मां के लिए रोती रहती हैं। मुझे किसी तरह काव्या मां को ढूंढकर लाना है।"

उसके दोस्तों में से एक ने कहा कि- "एक राज की बात बताऊं? तुम लोग किसी से कहना नहीं, नहीं तो मेरे मम्मी पापा मुझे बहुत मारेंगे। और मेरे दादा जी को भी बहुत बुरा भला कहेंगे।"

सब ने कहा कि -"नहीं हम सभी इसे टॉप सीक्रेट रखेंगे।"

तो काव्यांश के उस दोस्त ने बताया कि-" मेरे दादाजी बहुत अच्छे हैं। उनका दिमाग बहुत तेज चलता है। उनके पास सभी बातों का हल है। लेकिन वह वृद्ध

आश्रम में रहते हैं। हम चुपचाप उनसे मिलने वहां चलेंगे और उनसे काव्या मां को ढूंढने का हल पूछेंगे।"

सभी बच्चों ने कहा -"हम तैयार हैं। लेकिन हम वृद्धाश्रम जाएंगे कैसे?"

तो उसी बच्चे ने कहा -"टॉप सीक्रेट बात यह है कि मैं अपने ड्राइवर अंकल के साथ हर हफ्ते अपने दादा जी से मिलने चुपचाप वृद्धाश्रम चला जाता हूं। ड्राइवर अंकल हमारे साथ हैं। वह हमें वहां ले जाएंगे।"

दो दिन बाद सभी बच्चे वृद्धाश्रम गए। वहां सबने उसके दादा जी से मुलाकात की, और कुछ देर वहां सब से बातें करने के बाद खाने के लिए निकलने लगे , तभी केयरटेकर ने उन्हें रोका - "तुम लोगों को कहीं जाने की जरूरत नहीं है। यहां तुम लोगों को बहुत बढ़िया खाना खाने को मिलेगा। जो इन दादाजी लोगों को दिया जाता है।"

फिर सभी खाने की मेज पर आए। तभी काव्यांश ने देखा कि -'एक औरत खाना परोस रही है। उसे वह चेहरा कुछ जाना पहचाना लगा। वह सोचने लगा , याद करने की कोशिश करने लगा कि इन्हें कहां देखा है। फिर एकाएक उसके मुंह से निकला- "काव्या मां।"

काव्या यह सुनकर चौंक गई। उसने काव्यांश की तरफ देखा। उसे भी वह कुछ जाना पहचाना लगा।

काव्यांश उठ कर उसके पारा आया और उससे लिपट कर बोला -"काव्या मां "! तुम काव्या मां ही होना? मां तुम्हें बहुत याद करती हैं। वह बहुत बीमार हैं। तुम मेरे साथ चलो, नहीं तो वह मर जाएंगी।" यह कह कर काव्यांश रोने लगा।

काव्या ने भी "काव्यांश"" काव्यांश" कह कर उसे गले लगा लिया और उसका माथा चूमा और खूब दुलार कर रोने लगी।

काव्यांश ने कहा -"काव्या मां अब जरा सा भी देर मत करो रोना-धोना बंद करो और मेरे साथ चलो। नहीं तो मां सच में मर जाएगी। वह बहुत बीमार है। वह बस तुम्हें याद करती है। पापा भी बहुत सॉरी हैं।"

काव्या -"नहीं ,काव्यांश बेटा, ऐसी गंदी बातें मुंह से नहीं निकालते हैं। अंशु को कुछ नहीं होगा।"

फिर काव्यांश उसके सभी दोस्त काव्या को लेकर काव्यांश के घर आ गए।

काव्या ने जब अंशिका को इस हालत में देखा तो बहुत रोई और अंशिका से माफी मांगने लगी। अंशिका ने भी उसके गले लग कर उस से माफी मांगी और कहा कि -"मेरा कोई ठिकाना नहीं है। तुम हमारे काव्यांश का ध्यान रखो। यह सिर्फ मेरा और राज का नहीं तेरा बेटा है।"

शाम को जब राज घर आया तो उसने देखा कि काव्या अंशिका के पास बैठी है और उसकी सेवा में लगी है।

राज की आंखों में आंसू आ गए। उसने काव्या से कहा- "काव्या मुझे माफ कर दो, तुमने मुझे समझने में भूल कर दी। मैं ऐसा नहीं हूं, तुमने यह कैसे सोच लिया कि मैं अपने बच्चे को नहीं अपनाऊंगा। तुम लोगों को सारा सच मुझे बता देना चाहिए था। खैर, जो भी हुआ उसे हमें भूलना होगा। अब तुम आ गई हो तो अंशिका और काव्यांश दोनों का ध्यान रखो। फिर कभी इस घर को छोड़कर जाने की बात मत करना।"

अंशिका ने काव्या का हाथ पकड़कर कहा -"काव्या तुझे मेरी कसम है , तू राज और काव्याश को कभी नहीं छोड़ेगी। जिंदगी भर उसका ध्यान रखेगी।"

फिर राज को अपने पास बुला कर बिठाया और बोली-" राज मुझे वचन दो की तुम जिंदगी भर काव्या और काव्यांश को खुश रखोगे और इन लोगों को कोई तकलीफ नहीं होने दोगे।"

फिर उसने काव्यांश को अपने पास बुलाया अपने बगल में बिठा कर उसके सर पर हाथ फेरते हुए बोली -"बेटा ,मुझे माफ करना। मैं तो तुम्हारी मां हूं ही लेकिन तुझे जन्म देने वाली मां यह काव्या मां ही है। कभी इसका दिल नहीं दुखाना। हमेशा अपने पापा और काव्या मां का कहा मानना। मुझे याद करके मत रोना।"

सबने अंशिका को चुप रहने को कहा। काव्या ने कहा -"ऐसी बातें अपने मुंह से कभी मत निकालना। हम लोगों ने वचन दिया है। अब तुम जल्दी से ठीक हो जाओ, फिर हम सब साथ रहेंगे।"

काव्या ने अब पूरा घर संभाल लिया था। अंशिका बेड पर पड़े-पड़े उससे बातें भी करती थी और इन लोगों को खुश देख कर निहारती रहती थी। राज ने अंशिका के चेहरे पर खुशी देखकर ढेर सारी पिक्चर्स खींची थी। कभी सेल्फी तो कभी अलग-अलग।

अंशिका इतने दिनों बाद काव्या को काव्यांश को खिलाते देखा तो वह मुस्कुराने लगी। उसकी आंखों से आंसू निकल कर उसके गाल पर लुढ़क आए। अंशिका ने देखा काव्यांश खूब हंस-हंसकर काव्या से ढेर सारी बातें किए जा रहा है। वह बहुत खुश हुई वह लगातार काव्यांश को देखे जा रही थी।

तभी काव्यांश ने अंशिका को देखा और उसे मुस्कुराता देख कर कहा -"काव्या मां, देखो तुम्हारे आने पर मां कितनी खुश हैं।"

काव्या ने भी अंशिका की तरफ देखा। उसकी आंखें एकटक काव्यांश को देखे जा रही थीं और गाल पर खुशी के आंसू मोती की तरह चमक रहे थे। काव्या ने पूछा- "इस तरह कहां देख रही है अंशु?"

अंशिका ने कोई जवाब नहीं दिया वह सिर्फ मुस्कुराती रही। तब काव्या ने राज को बुलाया और कहा-" देखो जीजू अंशु कितनी खुश है आज।"

अंशिका के पास जाकर राज बोला -" अंशु इसी तरह खुश रहा करो।" और जैसे ही राज ने उसके कंधे पर हाथ रखा, अंशिका का सिर एक ओर लुढ़क गया उसी अवस्था में उसे हार्ड अटैक आया था और उसके प्राण पखेरू उड़ चुके थे। राज, काव्या और काव्यांश तीनों हतप्रभ से अंशु को देख रहे थे और रो रहे थे।

काव्या ने कहा -"अंशु तू हम सब को छोड़ कर क्यों गई? अभी तो हम लोगों का साथ में हंसी खुशी समय बिताने का था। तुझे हम लोगों को इस तरह छोड़कर नहीं जाना चाहिए था। यह तेरा - मेरा रिश्ता कैसा है? क्यों भगवान ने हम लोगों को एक साथ खुशी-खुशी रहने का मौका नहीं दिया?"

"हे भगवान यह तूने क्या किया? अंशु, अंशु, अंशु , यह तेरा मेरा रिश्ता कैसा है यार।"कह कर फूट-फूट कर रोने लगी।

5

सीक्रेट लवर

प्रेम एक ऐसा शब्द है, जिससे सबका मन रोमांचित हो जाता है। "सीक्रेट लवर" यह नाम सबके मन में एक जिज्ञासा उत्पन्न करता है। यह नाम मेरी रचनाओं के एक प्रशंसक ने ही बताया और उस पर कुछ लिखने को कहा।

यह नाम मेरे लिए एक चैलेंज था और समय महज कुछ घंटों का। उसी का परिणाम यह निकला कि मेरी कहानी "सीक्रेट लवर" तैयार हो गई।

तो आइए मैं शुरू करती हूं "सिक्रेट लवर" की कहानी। इस कहानी की नायिका एक आम गृहिणी है। उसका स्वभाव बहुत अच्छा है। जिसका उसके चेहरे पर भी प्रभाव दिखता है। उससे जो भी मिलता है या बात करता है ,वह प्रभावित हुए बिना नहीं रह पाता।

बहुत सारे लोग उसे मन ही मन प्यार भी करते हैं। पर कुछ कह नहीं सकते क्योंकि वह शादीशुदा है। मेरी इस कहानी की नायिका का नाम अदिति है। अदिति को ज्यादातर लोग पसंद करते हैं। वह अपनी जिंदगी में मस्त रहती है । उसके पति उसे बेहद प्यार करते हैं। उसे जरा सी खरोंच भी आ जाए तो वो परेशान हो जाते हैं।

अदिति के पति अमित को भी पता है कि- उसकी पत्नी को मन ही मन पाने की इच्छा रखने वाले बहुत सारे लोग हैं। जिस तरह अमित अदिति को दिलो जान से चाहता है उसी प्रकार अदिति भी अमित को बेहद चाहती है।

एक दिन अदिति को किसी प्राइवेट नंबर से कुछ मैसेज आया। उसने उसे पढ़ा। उसे लगा कोई फ्लर्ट कर रहा है। उसने भी पूछा - "आप कौन हैं?"

उधर से जवाब आया- "जी आपका चाहने वाला।"

अदिति ने पूछा - "आपको मेरा नंबर कहां से मिला?"

जवाब आया - "जी आपने खुद ही दिया था।"

अदिति परेशान हो गई कि -'कौन है यह शख्स जिसे मैंने नंबर दिया है, और उसका नंबर मेरे पास नहीं है।'

उसे यह आश्चर्य भी हो रहा था और गुस्सा भी आ रहा था। उस दिन अदिति पूरे समय परेशान रही। अमित ने पूछा तो उसने अनमने ढंग से ही 'कुछ नहीं' कहा और अपने काम में लग गई।

उसने काम खत्म करके उस नंबर की छानबीन की। पर कुछ हाथ नहीं लगा। उसने भी सोचा कि- 'यदि कोई मुझे परेशान करना चाहता है, तो वह अपना पर्सनल नंबर तो यूज़ नहीं ही करेगा।' यह सोचकर उसने भी छानबीन बंद कर दी और सोचा कि'उस नंबर को ब्लॉक कर दूंगी।' फिर बात वहीं रह गई।

कुछ दिनों बाद नया साल आया तो फिर उसी प्राइवेट नंबर से अदिति को ढेर सारी खूबसूरत मैसेजेस मिले। नया साल होने के कारण उसने उन मैसेजों को पढ़ कर छोड़ दिया। वह अपना मूड खराब नहीं करना चाहती थी। हालांकि जितने भी मैसेज आते थे वह आपत्तिजनक तो होते नहीं थे। हां अदिति की तारीफें ही हुआ करती थीं उन मैसेजों में।

फिर भी इस तरह किसी का मैसेज करना अदिति को खराब लगता था। जिससे वह थोड़ा असहज हो जाती थी। उसने एक दिन निर्णय लिया कि -'वह यह सब बातें अमित को बताएगी । पर उसे कहीं ना कहीं डर भी लग रहा था कि - न जाने अमित का क्या रिएक्शन हो। कहीं अमित अदिति को ही गलत ना समझने लगे।

फिर भी उसने ये निर्णय लिया कि -" जब मैं कुछ गलत नहीं कर रही ,तो मुझे अमित को सब बता देना चाहिए।" और फिर वह सारा मैसेज अमित को दिखाती है।

अमित सारा मैसेज पढ़ कर कुछ भी नहीं बोला। अदिति को अजीब लगा कि अमित ने कोई रिएक्शन क्यों नहीं दिया। उसे थोड़ा सुकून भी मिला कि उसने अमित को सारी बात बता दी।

अदिति को तारीफें सुननी अच्छी लगती थीं। भला अपनी तारीफ सुनने में किसे खराब लगता है। लेकिन किसी अनजान से नहीं। उसके कितने सारे देवर , ननद ,नंदोई ,दोस्त ऐसे थे , जो उसके साथ फ्लर्ट किया करते थे। वह भी उन लोगों के साथ मस्ती मजाक करती रहती थी।

कई बार अदिति को ख्याल आया कि उस नंबर को ब्लॉक कर दिया जाए। फिर वो रुकी कि यदि ब्लॉक कर दूंगी तो सच्चाई कभी पता नहीं चल पाएगी। सारे मैसेज भी तो डिलीट हो जाएंगे। तो मेरे पास कोई सबूत नहीं रहेगा। और फिर वह मेरी तारीफ ही तो कर रहा है। कितनी अच्छी-अच्छी बातें लिखता है मेरे बारे में । बहुत सोचने के बाद उसने नंबर को वैसे ही छोड़ दिया। उसने निर्णय लिया कि यदि कुछ इधर-उधर की बातें की तो उसी दिन उस नंबर को ब्लॉक कर दूंगी।

लेकिन इस घटना के बाद अमित की बातों में थोड़ा परिवर्तन आया। अमित कुछ न कुछ बात करते-करते अदिति को कटाक्ष कर देता था कि - "तुम्हारे चाहने वाले बहुत हो गए हैं।"

"तुमको अब भला मेरी क्या जरूरत है।"

"तुम्हें मुझ में अब कोई इंटरेस्ट नहीं रह गया।" और भी बहुत कुछ।

अदिति सोचने लगी कि-"यदि कोई मुझे चाहने लगा है तो इसमें मैं कहां गलत हूं?

इसमें मेरी क्या गलती है? मैंने तो उसे नहीं कहा कि वह मुझे प्यार करे।"

हद तो तब हो गई जब अमित ने अदिति से कहा कि -'जाओ, मुझसे अच्छा कोई मिल रहा है ,तो तुम मुझे छोड़ कर जा सकती हो।"

अदिति इस बात से बेहद दुखी हो गई। वह चुप रही पहले अमित इन बातों को बोलता था और अदिति नाराज हो जाती थी , तो अमित कहता था -"यार मैं तो मजाक कर रहा था। क्या मेरा इतना भी हक नहीं कि मैं तुमसे मजाक कर सकूं।" तब अदिति रिलैक्स होने लगी थी कि -'यह सब बातें हमें अमित मजाक में कह रहे हैं।'

लेकिन धीरे-धीरे उसे एहसास होने लगा कि अब यह सिर्फ मजाक नहीं रहा ,बल्कि एक व्यंग का रूप ले चुका है। सोते-जागते, उठते-बैठते अमित व्यंग बाण चला दिया करता था। इन सब बातों से अदिति बेहद परेशान रहने लगी।

जब मौका मिलता बहुत रोया करती। फिर एक दिन उसी प्राइवेट नंबर से उसे मैसेज आया -" क्या हुआ? आजकल आप कहां नदारद हैं?"

अदिति ने जवाब दिया -" देखिए आप मुझे परेशान ना करें। और मुझे मैसेज भी ना किया करें। वरना मैं ब्लॉक भी कर दूंगी और रिपोर्ट भी कर दूंगी। आपकी वजह से मेरे घर में परेशानी हो गई है। इतना सब लिखने के बाद अदिति ने फोन बंद करके रख दिया।

दो दिनों बाद अमित के फोन पर अदिति की सहेली वसुधा का फोन आता है।

अमित ने अदिति से कहा -"तुम्हारा ध्यान कहां रहता है आजकल? फोन क्यों बंद कर रखा है तुमने? तुम्हारी सहेली वसुधा का फोन आया था । वह तुम्हें कितनी देर से फोन लगा रही है पर उसे स्विच ऑफ बता रहा है। जाओ उसे फोन कर लो।"

अदिति ने अपना फोन देखा। सच में उसने दो दिन से फोन बंद कर रखा था। अदिति ने फोन को चार्ज में लगाया और अपना काम करने लगी। वापस आकर फोन को ऑन किया देखा उसकी सहेली वसुधा का फोन कई बार आ चुका था जो की मिस्ड कॉल में दिखा रहा था। उसने वसुधा को फोन लगाया।

फोन उठाते ही वसुधा उस पर बरस पड़ी -" मैं तुम्हें दो दिनों से फोन ट्राई कर रही हूं। तुमने स्विच ऑफ क्यों कर रखा था? पता है मैं कितनी परेशान हूं। तुमसे बात करना चाह रही थी और तुम्हारा फोन ही बंद है।"

जब वसुधा ने बोलना बंद किया तो अदिति ने जवाब दिया - "पता नहीं यार, फोन कब बंद हो गया और बैटरी भी खत्म हो गई। अभी चार्ज किया है तो तुझे फ़ोन मिलाया है।"

वसुधा -" वाह मैडम का फोन दो दिन से बंद है, और इस मैडम को पता भी नहीं है।"

अदिति- " अच्छा यह सब छोड़ो, मुझे यह बताओ कि तुम परेशान क्यों हो?

वसुधा - "अब कोई परेशानी नहीं है। बस तेरे जीजा जी के साथ थोड़ी झड़प हो गई थी , इसीलिए तुझसे बात करना चाह रही थी। लेकिन अब सब ठीक है। अब तुम बताओ तुम दोनों में भी झगड़ा हुआ है क्या? जीजाजी भी उखड़े-उखड़े से बात कर रहे थे, और तेरा बर्ताव भी कुछ अजीब सा लग रहा है।"

अदिति -"नहीं यार ,ऐसा कुछ भी नहीं है।"

फिर कुछ देर तक दोनों सहेलियों ने बातें कीं। रात को सारा काम खत्म करके जब अदिति ने अपना फोन उठाया तो देखा व्हाट्सएप पर तीन दिन के मैसेज आए हुए थे।

उसने सारे मैसेजेज को एक-एक कर पढ़ना शुरू किया। उसकी ननद ने कई मस्ती भरे मैसेजेस किए थे। जिसे पढ़कर वह मुस्कुरा उठी। उसी तरह उसके नंदोई ने भी मैसेज किए थे। सहेलियों के ग्रुप में भी कई मैसेज थे। अंत में उसी प्राइवेट नंबर से ढेर सारे मैसेजेज थे। जिसे वह धीरे-धीरे पढ़ने लगी।

"आप मेरी बातों से नाराज ना हुआ करें "

"आप एक अच्छे दिल की मालकिन हैं। मुझे पता चला कि आप परेशान हैं।"

"मुझे पता है आप भी मुझे प्यार करती हैं। प्लीज़ गलत मत समझिए इस बात को ,जो मैंने कहा कि आप भी मुझे प्यार करती हैं। आपकी नजर में मैं क्या हूं यह मुझे पता है।"

"मैं बहुत आदर और सम्मान करता हूं आपका।"

"देखिए ,आप मुझे अच्छी तरह जानती हैं। मैं आपका करीबी ही हूं।"

"और मुझे ये भी पता है कि आप अमित से कितना प्यार करती हैं। मुझे आप दोनों में दरार नहीं डालना है। मैं आप दोनों के रिश्ते को तोड़ना नहीं चाहता। "

"मुझे आप दोनों को एक साथ देख कर बहुत अच्छा लगता है। शायद आप दोनों का एक दूसरे के प्रति प्यार देखकर ही मुझे अच्छा लगने लगा। और आपका सबके प्रति प्यारा व्यवहार ही मुझे आपके प्रति आकर्षण का कारण बना।"

"खैर ,यदि मैं सामने आ गया तो आप परेशान नहीं होगी यह भी मुझे पता है। फिर भी मैं अब आपके सामने नहीं आऊंगा। मुझे सीक्रेट ही रहने दें।"

" मेरी बात अमित से हुई थी तो मुझे लगा कि आप दोनों में कुछ खटपट हुई है। आपने मेरे मैसेजेज की बात अमित से की है क्या?"

" यदि हां तो मुझे जरूर मैसेज करके बताइए।"

"मैं भी तो शादीशुदा हूं और मेरा इरादा ना आपका जीवन खराब करने का है और ना ही अपनी शादीशुदा जिंदगी खराब करनी है मुझे।"

"आप मुझ पर पूरी तरह विश्वास कर सकती हैं। आप जो परीक्षा लेना चाहे वह ले सकती हैं।"

" मेरे कारण आपकी खुशी में खलल हो, यह मुझे बिल्कुल बर्दाश्त नहीं । मुझे वही

हंसती खिलखिलाती अदिति चाहिए।"

" मैं आपको जिंदगी में फूलों भरे रास्तों पर चलते देखना चाहता हूं। आपको यदि मेरी मदद की जरूरत हो तो मुझे जरूर याद करें।"

अदिति सोचने लगी -"कौन है यह शख्स ।हम लोगों को बहुत अच्छी तरह से जानता है। जो भी है इतना तो अंदाजा हो ही गया कि कभी मेरा कुछ बुरा नहीं होने देगा।"

उसके मैसेजों को पढ़कर अदिति के मन में थोड़ी शांति सी महसूस हुई।

वह अपने पुराने दिनों को याद करने लगी - 'जब भी वह अपने मायके जाने लगती थी ,तो अमित हमेशा यह गाना गुनगुनाने लगता था -
"ना जा , तू कहीं अब न जा
दिल के सिवा , ...मेरे हमदम मेरे दोस्त।"

किस तरह उसे कहीं अकेले नहीं जाने देना चाहता था। अपनी आंखों से एक पल के लिए भी दूर नहीं करना चाहता था।

इन्हीं सब बातों को याद करते-करते अदिति काफी देर तक जगती रही। ना जाने वह किस उधेड़बुन में थी। उसे बार-बार अमित की कही बातें भी याद आ रही थीं -" क्यों अभी भी उसी के ख्यालों में खोई हो ?"

"मुझसे अच्छा यदि कोई और मिल गया है ,तो जा सकती हो "

अदिति सोचने लगी कि -'अमित के अंदर इतनी कड़वाहट कैसे भर गई? मैं क्या करूं ,इसे पहले वाला अमित कैसे बनाऊं? काफी देर सोचते-सोचते वह कुछ सोच कर मुस्कुरा उठी। वह बुदबुदाई -"मिल गया रास्ता।"

जब अदिति को नया रास्ता मिल गया तो वह निश्चिंत होकर सो गई।

सुबह उसने शांति से घर का सारा काम किया और अमित को ऑफिस भेजकर, उपाय के लिए ताना-बाना बुनने लगी। अब उसने उसी प्राइवेट नंबर पर मैसेज किया - "हेलो, सीक्रेट लवर "

उधर से मुस्कुराहट वाला इमोजी का जवाब आ गया।

अदिति -"मुझे आपके मदद की जरूरत है।"

सिक्रेट लवर - " हा हा हा अच्छा नाम दिया आपने सीक्रेट लवर। कहिए, मैं आप की खिदमत में हाजिर हूं।"

अदिति -" देखिए आजकल मेरे पति मुझसे उखड़े-उखड़े रहते हैं। आप जैसे कुछ चाहने वालों की वजह से।"

सिक्रेट लवर -" माफ कीजिएगा यदि मेरे कारण आपको परेशानी हुई तो। पर आपने कहा 'मेरे जैसे चाहने वालों' आप का मतलब और भी कई लोग हैं क्या? माफ कीजिएगा यह मजाक था आप बुरा ना माने।"

अदिति -"जी हां,मजाक करने वाले फ्लर्ट करने वाले बहुत हैं। अब यह पता नहीं किस बात से इन्हें नाराजगी हैं।"

सिक्रेट लवर -" मैं आपकी मदद जरूर करूंगा। कहिए मुझे क्या करना है?"

अदिति -"क्या मैं आप पर पूरी तरह विश्वास कर सकती हूं?

सीक्रेट लवर - "जी बिलकुल कर सकती हैं।"

अदिति - " ठीक है, मैं आप पर विश्वास कर रही हूं ।अब ध्यान से मेरी बातों को सुनिए। मैं अपने पति का प्यार वापस पाने के लिए आपकी सहायता ले रही हूं।"

सीक्रेट लवर -" मुझे बेहद खुशी होगी यदि आपको आपके पति का प्यार वापस दिला पाया तो।"

अदिति -"तो मैं आपको एक प्लान बताऊंगी। आपको ठीक वैसे-वैसे ही करते जाना है। क्यों करेंगे ना?

सीक्रेट लवर -"जी हां बिल्कुल करूंगा। बस अब आप प्लान बताइए।"

अदिति -"शुरुआत आपको ठीक वैसे ही करनी है, जैसे आपने मेरे साथ किया था। यानी अपने प्यार भरे मैसेज अमित को भेजिए ,लेकिन लड़की बनकर।"

सीक्रेट लवर-" पर वो मेरा नंबर नहीं पहचान जाएंगे?"

अदिति - "नहीं उन्हें शक भी नहीं होगा। और वह नंबर चेक भी करेंगे तो उनके हाथ कुछ नहीं लगेगा।"

सीक्रेट लवर -" पक्का पता नहीं चलेगा?"

अदिति -" नहीं, उन्हें बिल्कुल पता नहीं चलेगा। अरे आपका नंबर प्राइवेट है तो कैसे पता चलेगा।"

सीक्रेट लवर -"अरे हां, मैं तो भूल ही गया था।"

अदिति -" पर ध्यान रहे उन्हें जरा सा भी शक करने का मौका नहीं देना है। मैं देखना चाहती हूं कि इस तरह के मैसेजेज को पढ़कर अमित का क्या रिएक्शन होता है। इसलिए आप रात को 9:00 बजे के करीब मैसेज किया कीजिएगा।"

सीक्रेट लवर " जी जैसा आप चाहेंगे वैसा ही होगा। आप यह सोच लीजिए कि आधी फतह आपने पा ली है। हा हा हा।

अदिति -" धन्यवाद बाकी रिएक्शन तो मुझे सामने से दिखता ही रहेगा।"

सीक्रेट लवर -"तो ठीक है जी आपके लिए कुछ भी। हा हा हा। मुझे आशीर्वाद दीजिए। सिर भी कटवा देंगे। बस आज रात से ही अमित के चेहरे को पढ़ने की कोशिश शुरू कर दीजिएगा। बाय, मुझे फिर कुछ पूछना होगा तो आपको जरुर

मैसेज करूंगा।"

अदिति अब रात का इंतजार करने लगी। शाम को अदिति जल्दी-जल्दी काम खत्म कर लेती है , और अमित के आने पर उसे चाय नाश्ता देकर कुछ-कुछ करते रहने का नाटक करती है। जब 9:00 बज गए तो वह देखती है कि अमित के फोन पर कोई मैसेज का नोटिफिकेशन आया। वह सतर्क हो गई।

अमित ने जैसे ही फोन उठाया तो अदिति जानबूझकर कहती है -" अरे बाप रे 9:00 बज गए। खाने का इंतजाम भी करना है।" यह कहते हुए उठती है कि अमित ने अपने फोन में मैसेज देखते हुए उसे टोका -" वह प्राइवेट नंबर .... इतना कहते-कहते रुक गया।

अदिति -" क्या हुआ ? क्या प्राइवेट नंबर?"

अमित -" कुछ नहीं।“ कहते हुए फोन में मैसेज पढ़ने लगा

अदिति उसको गौर से देखती है ,और उसका चेहरा पढ़ने की कोशिश करती है। वह फोन जानबूझकर वहीं बेड पर छोड़कर किचन में आ जाती है। अदिति को पता है की एक बार के लिए तो अमित को कुछ बातों पर जरूर शक होगा।

पहला की प्राइवेट नंबर किसी एक ही आदमी का है।

दूसरा कि कहीं अदिति ही यह सब तो नहीं कर रही है। और तीसरा यह कि अमित मौका पाकर अदिति का फोन जरूर चेक करेगा।

अदिति ने पहले ही एक फाइल बनाकर सीक्रेट लवर के सारे मैसेजेज सेव करके रख लेती है। और इधर से डिलीट कर देती है। ताकि कहीं कुछ खोजने पर भी अमित को कुछ ना मिले। यदि वह समझ जाएगा कि यह सब अदिति के कहे अनुसार हो रहा है तो अमित उसके पास होने के बजाय और दूर हो जाएगा। शायद प्यार हमेशा-हमेशा के लिए खत्म ना हो जाए।

अदिति अमित को खोना नहीं चाहती थी। हां पर उसे यह एहसास जरूर कराना

चाहती थी कि- यदि कोई सामने वाला वन साइडेड आपसे प्यार करता है , तो इसमें दूसरे की कोई गलती नहीं होती। वह तो अनजान ही रहता है। और शायद अमित तब तक यह बात नहीं समझ पाएगा जब तक की उसके साथ भी वैसा ही वाकया ना हुआ हो।

ठीक वैसा ही हुआ अमित मैसेज पढ़कर एक फीकी मुस्कान हंसा और अदिति का फोन उठाकर चेक करने लगा । पर उसके हाथ कुछ नहीं लगा। वह उठकर किचन में आया और अदिति से बोला -" क्या वह प्राइवेट नंबर से तुम्हें अभी भी मैसेज आते हैं ?"

अदिति -" नहीं तो , मैंने उसे उसी दिन ब्लॉक कर दिया था। क्यों आज ऐसे क्यों पूछ रहे हो? आज फिर मुझसे झगड़ा करना है क्या? या फिर तुम्हें भी किसी का मैसेज आने लगा है ? "

अमित -" नहीं यार , उसके कारण हम दोनों कितना झगड़ने लगे हैं आजकल। बस इसीलिए ,यूं ही पूछ लिया।"

अदिति -" तो ठीक है। चलो खाना खाओ और सो जाओ।"

दोनों खाना खाकर सोने के लिए आ जाते हैं।

"अदिति , तुम्हें यह क्यों लगा कि मुझे भी कोई मैसेज कर रहा है? - अमित ने पूछा और अदिति के चेहरे के भावों को पढ़ने की कोशिश करने लगा।

अदिति -" बस यूं ही पूछा।" (हंसने लगती है)

अमित -" या यूं कहो कि मैंने तुम पर गुस्सा किया इसीलिए तुम भी मेरे साथ वैसा ही करना चाहती हो " अदिति का चेहरा पढ़ते हुए।

अदिति -" यह क्या बोल रहे हो अमित। और हां यदि तुम्हें कोई मैसेज करें भी तो मैं तुम्हारी तरह नहीं हूं कि कुछ भी बोल दूं।"

अदिति ने गुस्सा दिखाते हुए कहा -"मुझे तुम्हारे साथ रहते इतने साल हो गए हैं

कि- मैं तुम्हारी नस-नस से वाकिफ हूं।" यह कहते हुए अदिति रूठ कर जाने लगती है की अमित उसका हाथ पकड़ कर रोक लेता है।

अमित - "अरे यार, गुस्सा क्यों करती हो। तुम्हें कहीं जाने की जरूरत नहीं। दरअसल आज किसी प्राइवेट नंबर से मुझे भी मैसेज आया था इसीलिए इस तरह की बातें कर रहा हूं।"

अदिति आश्चर्यचकित होने का नाटक करते हुए - "क्या तुम्हें भी मैसेज आए? कुछ गलत सलत लिखा था क्या? क्या हम रिपोर्ट करें? क्या कोई गैंग तो नहीं? वगैरह-वगैरह कहती रही। फिर बोली -"इसे ब्लॉक कर देना। बी केयरफुल।"

अमित - "हां हां सब कर दूंगा। तुम बेकार में परेशान मत हो। ये लोग हमारा कुछ नहीं बिगाड़ पाएंगे। चलो तुम चिंता छोड़ो। कुछ नहीं होने वाला अदिति सो जाओ।" कह कर वह फिर से मोबाइल में खो गया।

अदिति दूसरी तरफ मुंह करके सोने का नाटक करने लगी। अमित के मोबाइल पर मैसेज का नोटिफिकेशन आता रहा। अमित सारे मैसेज पढ़ता रहा। फिर वह उठकर चुपचाप अदिति का फोन लेकर बार-बार कुछ चेक करता रहा पर उसके हाथ कुछ नहीं लगा फिर वह भी आकर सो गया।

सुबह सब कुछ नॉर्मल था। उसी प्राइवेट नंबर से अमित को रोज प्यार भरे मैसेज आने लगे। अदिति अमित के चेहरे के भावों को पढ़ती रही। वो समझ जाती कि किसका मैसेज है। वह अपने आप को अमित के सामने एकदम नॉर्मल सी पेश करती। एक दिन अमित ने उसी प्राइवेट नंबर वाली से पूछा -"कि आप कौन हैं? आपका क्या नाम है? कुछ अपने बारे में बताइए।"

प्राइवेट नंबर -"जी मैं आपको रोज देखती हूं। नाम में क्या रखा है उसे छोड़िए। मुझे अपनी शादीशुदा जिंदगी बिल्कुल पसंद नहीं। इस तरह उसने कुछ बेचारगी वाली बातें अमित को लिखीं।"

अमित -" मैं भी शादीशुदा हूं।"

प्राइवेट नंबर -"आप प्लीज मुझसे शादी कर लीजिए। आप अपनी पत्नी को तलाक

दे दीजिए।"

अमित -"देखिए, मैं अपनी पत्नी से बहुत प्यार करता हूं।"

(अमित को उसके बात करने का ढंग कुछ अजीब लगा। भला अचानक से कोई शादी की बात कैसे कर सकता है। कहां अभी तक ये मेरी तारीफ़ों के पुल बांध रही थी।)

प्राइवेट नंबर -"क्यों झूठ बोल रहे हैं। मुझे पता है आप दोनों में रोज झगड़े होते हैं।"

अमित आश्चर्य से -"आपको कैसे पता? सच-सच बताइए आप कौन हैं? क्या यह सब अदिति ने आपसे करने को कहा है?

प्राइवेट नंबर -" अब यह अदिति कौन है? मैं किसी आदिति को नहीं जानती मैंने तो आपको फोन पर किसी से बात करते सुना था, इसीलिए मुझे पता चला।"

अमित थोड़ा नॉर्मल होते हुए -" आप अपने पति को क्यों छोड़ना चाहती हैं?

प्राइवेट नंबर - "मुझे वो बिल्कुल पसंद नहीं है। मुझे हमेशा ताने मारते रहते हैं। खुद की सूरत अच्छी नहीं और मुझे बदसूरत कहते हैं। मैं सारी बातें आपको बता नहीं सकती। मैं तंग आ गयी हूं इनसे। कहां आप इतने सुंदर और कहां मेरे पति। जमीन आसमान का फर्क है आप दोनों में।"

अपनी तारीफ सुनने के लिए तो अमित हमेशा तैयार ही रहता था।

अदिति अमित में अब काफी बदलाव देख रही थी। वह अब उस प्राइवेट नंबर की मैसेज में खोया रहता था। पर अदिति के साथ जो बेरुखा व्यवहार इन दिनों वह करने लगा था , वह धीरे-धीरे बदलने लगा था।

लगभग दो महीने बाद अमित को लगा की वह प्राइवेट नंबर वाली लड़की उस पर ज्यादा दबाव डालने लगी है-
" भाग कर शादी कर लेते है " " कोर्ट मैरेज कर लेते हैं।" इत्यादि

अब अमित परेशान होने लगा और एक दिन उस प्राइवेट नंबर पर मैसेज करके बोल दिया कि - "मैं आपसे बिल्कुल शादी नहीं करूंगा। मुझे अपनी बीवी से बेहद प्यार है। आप भी अपने जीवन में खुश रहिए। इससे बेहतर आपको कुछ नहीं मिल सकता ।मुझे क्षमा करें और मैसेज करना बंद कर दें।

उधर से रोने का इमोजी आ गया

दूसरे दिन जब अमित ऑफिस चला गया तो अदिति के नंबर पर अमित का लिखा आखरी मैसेज (जो अमित ने उस प्राइवेट नंबर वाली लड़की को भेजा था) आया।

अदिति ने उसे पढ़ा तो उसकी आंखों में आंसू आ गए। वह खुशी से रोने लगी।

सिक्रेट लवर -"लीजिए मैडम , आपका काम हो गया। मुझे बेहद खुशी हो रही है कि आपको आपका प्यार वापस मिल गया।"

अदिति ने खुशी से कहा -"थैंक यू , थैंक यू वेरी मच। आपका बहुत-बहुत धन्यवाद। मुझे अब तो अपना नाम बताइए।"

सीक्रेट लवर - "नहीं मैंम, मुझे माफ करें। अब मैं अपना नाम कभी नहीं बताऊंगा। इस सिक्रेट लवर को सीक्रेट ही रहने दें। जैसा कि मैंने आपको बताया कि मैं आपका करीबी ही हूं। तो मैं उसी रूप में आपसे मिलता रहूंगा। हां सिक्रेटली प्यार भी करता रहूंगा। सच पूछिए तो जितना रिलैक्स मैं आज महसूस कर रहा हूं वैसा आज तक महसूस नहीं किया था। आपको आपका प्यार मुबारक।"

"अब मैं आपको इस नंबर से कभी मैसेज नहीं करूंगा। आपको क्या, अब किसी को नहीं। यह नंबर ही बंद कर दूंगा।

अदिति -" आपका बहुत-बहुत धन्यवाद। आप हमेशा खुश रहिए सुखी रहिए यही भगवान से प्रार्थना करती हूं।

कुछ देर बाद वो नंबर हमेशा के लिए बंद हो गया।

अदिति ने भी अपने **"सीक्रेटलवर"** के सारे मैसेजेज डिलीट कर दिए। उधर अमित ने भी सारे मैसेज डिलीट कर दिए।

शाम को जब अमित घर वापस आया तो देखा अदिति पुराने गाने सुन रही थी। वह फ्रेश होने चला गया तो अदिति उसके लिए चाय नाश्ता बनाने लगी।

जब अमित फ्रेश होकर आया तो कुछ ज्यादा ही तरोताजा लग रहा था। दोनों ने चाय नाश्ता किया। अमित ने अदिति को देखा जो आज उसे बहुत ही सुंदर लग रही थी। उसने अदिति का हाथ पकड़ कर कहा -"आज बहुत अच्छी लग रही हो। पहले की ही तरह खूबसूरत।"

अदिति -" अच्छा क्या बात है? आज बहुत प्यार आ रहा है?

अमित -"कुछ नहीं। बात क्या होगी। अच्छा सुनो" अदिति को अपनी बांहों में भरते हुए -"सॉरी "

अदिति -"अरे सॉरी किस बात की मांग रहे हो?

अमित -" ऐसे ही, मूड किया इसीलिए।" यह कहते हुए अदिति के माथे को चूम लिया।

अदिति भी उसके गले लगती हुई बोली -"सॉरी"

अमित -"अब तुम क्यों सॉरी बोल रही हो?"

अदिति -"बस ऐसे ही, मूड किया इसीलिए।"

इस बात पर दोनों ठठाकर हंस पड़े। फिर दोनों खुशी-खुशी एक दूसरे की बाहों में समा गए।

विनीता सिंह - एक परिचय

जन्म - 28 अप्रैल

पिता - श्री ए . एन . झा

माता - श्रीमती सुनीला झा

पति - श्री आर . एन . सिंह

शिक्षा - स्नातक , (संस्कृत , हिन्दी)

वर्तमान पता - ग्रेटर नोएडा

पसंद - खूबसूरत जगहों पर घूमना और वहां बैठकर कविताएं, ग़ज़लें और कहानियां लिखना।

क्रोशिया से तरह-तरह की चीजें बनाना।

प्रकाशित पुस्तकें -

1- " प्यार " (एहसास या जरूरत)-

(चार कहानियों का संकलन)

हिंदी भाषा में प्रकाशित

2- भारत @ 75 (साझा काव्य संग्रह)

हिंदी भाषा में प्रकाशित

3- मेरी नजर से (साझा काव्य संकलन)

हिंदी भाषा में प्रकाशित

4- मैथिली (साझा काव्य संकलन)

मैथिली भाषा में प्रकाशित

सम्मान पत्र

प्रबोधिनी ग्रुप द्वारा प्रदत्त "आरुषि" उपनाम

1-आजादी का अमृत महोत्सव सम्मान पत्र (ओएमजी बुक ऑफ रिकॉर्ड एडिशन

2022)

2-बानी साहित्य सम्मान 2022

3-मैथिली गौरव 2022

इसके अलावा डिजिटल सर्टिफिकेट -

1-प्रतिलिपि लेखन अवॉर्ड्स 2021

2-प्रेम का महीना सहभागिता प्रमाण पत्र

3-पोएट्री फेस्ट 2022

4-कलम की धार लेखनी प्रतियोगिता द्वितीय स्थान प्रशंसा पत्र

5-यशस्वी रचना शाह धर्मिता सम्मान 2022

6-राष्ट्रपति सम्मान 2022 +1

7-उत्कृष्ट साहित्य सृजन सम्मान 2022

8-योग बली सम्मान 2022

9-पितृ भक्ति सम्मान 2022

10-साहित्य शिरोमणि 2022

कविता और गजल संग्रह प्रोसेस में है